A reflexão e a prática no Ensino Médio

11

Geografia: contribuições para o ensino e para a aprendizagem da Geografia escolar

Márcio Rogério de Oliveira Cano
coordenador da coleção

Robson da Silva Pereira
autor

Coleção A reflexão e a prática no Ensino Médio – volume 11 – Geografia: contribuições para o ensino e para a aprendizagem da Geografia escolar

©2016 Márcio Rogério de Oliveira Cano (coord.), Robson da Silva Pereira

Editora Edgard Blücher Ltda.

Blucher

Rua Pedroso Alvarenga, 1245, 4º andar

04531-012 – São Paulo – SP – Brasil

Tel.: 55 11 3078-5366

contato@blucher.com.br

www.blucher.com.br

Segundo o Novo Acordo Ortográfico, conforme 5. ed. do *Vocabulário Ortográfico da Língua Portuguesa*, Academia Brasileira de Letras, março de 2009.

É proibida a reprodução total ou parcial por quaisquer meios sem autorização escrita da Editora.

Todos os direitos reservados pela Editora Edgard Blücher Ltda.

Ficha catalográfica

Pereira, Robson da Silva.

Geografia: contribuições para o ensino e para a aprendizagem da geografia escolar / Robson da Silva Pereira. – São Paulo: Blucher, 2016. 184 p.: il. (Coleção A reflexão e a prática no Ensino Médio, v. 11 / Márcio Rogério de Oliveira Cano, coord.)

Bibliografia

ISBN 978-85-212-1060-3

1. Geografia - Estudo e ensino 2. Prática de ensino I. Pereira, Robson da Silva II. Cano, Márcio Rogério de Oliveira

16-0402   CDD 910.7

Índices para catálogo sistemático:

1. Reflexões e prática no ensino de geografia

A reflexão e a prática no Ensino Médio

11

Geografia: contribuições para o ensino e para a aprendizagem da Geografia escolar

Blucher

Coordenação e autor

MARCIO ROGÉRIO DE OLIVEIRA CANO

COORDENADOR DA COLEÇÃO

Professor do curso de Letras do Departamento de Ciências Humanas da Universidade Federal de Lavras (UFLA), mestre e doutor pelo Programa de Estudos Pós-Graduados em Língua Portuguesa da Pontifícia Universidade Católica de São Paulo (PUC-SP). Desenvolve pesquisas na área de Ensino de Língua Portuguesa e Análise do Discurso. Possui publicações e trabalhos apresentados na área, além de vasta experiência nos mais variados níveis de ensino. Também atua na formação de professores de Língua Portuguesa e de Leitura e Produção de Textos nas diversas áreas do conhecimento.

ROBSON DA SILVA PEREIRA

AUTOR

Professor de Geografia da rede municipal de ensino de São Paulo, tem longa experiência como docente. É autor de material didático de geografia para a Educação Básica e do livro *Geografia*, da coleção *A reflexão e a prática no ensino*, voltada ao ciclo II do Ensino Fundamental. É graduado em Geografia, com licenciatura plena, pela Universidade de Mogi das Cruzes (UMC) e mestre em Educação: Psicologia da Educação, pela Pontifícia Universidade Católica de São Paulo (PUC-SP).

Para Helena, minha filha.

Apresentação da coleção

A sociedade em que vivemos hoje é um espaço dos lugares virtuais, do dinamismo, da diversidade, mas também do consumo, da compra da felicidade e do seu envelhecimento para ser trocada por outra. Formar o sujeito em dias como esses é nos colocarmos no lugar do risco, da complexidade e do vazio que vem a ser preenchido pelos vários sentidos que esse sujeito existente produz nos espaços em que circula, mas que não são fixos. A escola é hoje um desses espaços. Em outras épocas, em lógicas anteriores, ensinar o conteúdo em detrimento da falta de conteúdo bastava; a escolha era entre aprovar e reprovar, entre a verdade e a mentira. Agora, o trabalho dessa mesma escola (ou de outra escola) é produzir o desenvolvimento desse sujeito no cruzamento de suas necessidades individuais com as do coletivo, do seu modo de aprendizagem com o modo coletivo, do local harmonizado com o global. Isso faz do ensino um trabalho árduo para contemplar essas adversidades e poder desenvolver um trabalho competente a partir delas.

Se a sociedade e a escola estão nessas dimensões, ao pensarmos em uma modalidade específica como o Ensino Médio, temos um exemplo em maior potencial de um lugar esvaziado pela história e pelas políticas educacionais. Qual a função do Ensino Médio em meio ao Ensino Fundamental e à Graduação, em meio à infância, à pré-adolescência e à fase adulta? O objetivo centra-se na formação para o trabalho, para o mundo do trabalho, para os processos seletivos de entrada em universidades, para uma formação humanística ou apenas uma retomada com maior complexidade do Ensino Fundamental?

Em meio a esses questionamentos, surgiu o projeto dessa coleção, voltado especificamente para pensar metodologias pedagógicas para as diversas áreas que compõem o Ensino Médio. A questão central que se colocava para nós, no início, não era responder a essas perguntas, mas sistematizar uma proposta, nas diversas áreas, que pudesse, ao seu término, produzir um discurso que preenchesse o espaço esvaziado dessa modalidade de ensino e que, de certa forma, se mostrasse como emblemático da discussão, propiciando outros questionamentos a partir de um lugar já constituído.

Por isso, nesta coleção, o professor que já atua em sala e o professor em formação inicial poderão ter contato com um material produzido a partir das pesquisas e reflexões de vários professores e pesquisadores de diversas instituições de pesquisa e ensino do Brasil que se destacaram nos últimos anos por suas contribuições no avanço da educação.

Aqui, a proposta contempla não formas e receitas para se trabalhar conteúdos, mas metodologias e encaminhamentos pedagógicos que possam contribuir com a reflexão do professor acerca do seu trabalho local em relação ao coletivo, bem como os objetivos de aprendizagens nas diversas instituições que formam professores.

Nossos pilares para a construção desse material foram definidos a partir das pesquisas já desenvolvidas, focando, primeiro, a noção de formação de um sujeito transdisciplinar/interdisciplinar, pois concordamos que o foco do ensino não deve ser desenvolver este ou aquele conteúdo, mas este e aqueles sujeitos. Por isso, entendemos que o ensino passou de um paradigma centrado no conteúdo para outro focado no ensino e, que agora, o na aprendizagem. Por isso, tendo como centro o sujeito e a sua aprendizagem, as propostas são construídas de forma a servirem de ponto de partida para a ação pedagógica, e não como roteiro fixo de aprendizagem, pois, se as aprendizagens são diferentes, todos os trabalhos precisam ser adaptados às suas realidades.

Essa ação pedagógica procura primar pelo eixo experiência-reflexão. Amparada pela história e por um ensino tradicional, a escola ainda reproduz um modelo puramente intelectivo sem, no entanto, oportunizar a experiência, fazendo a reflexão sobre o que não se viveu. O caminho que propomos aqui leva ao inverso: propor a experiência para os alunos e depois fazer a reflexão, seguindo o próprio caminho que faz com que a vida nos ensine. Vivemos as experiências no mundo e aprendemos com ela. À escola, cabe sistematizar essa reflexão sem nunca negar a experiência.

Se o sujeito e suas experiências são centrais, a diversidade dos sentidos apresentará um modelo bastante complexo de discussão, sistematização e encaminhamento pedagógico. A diversidade contempla as diferentes histórias, de diferentes lugares, de diferentes etnias, gêneros, crenças etc., mas só com ela presente em sala de aula podemos fazer com que esse sujeito veja sentido naquilo que aprende e possa construir um caminho para a vida a partir de sua diversidade.

Assim, pensamos, enfim, em contribuir com o Ensino Médio como um lugar cuja maturidade possibilite a ligação entre uma experiência de vida que se abre para o mundo, uma experiência local, familiar, muitas vezes protegida, que se abre para um mundo de uma ação de trabalho coletiva, democrática, centrada no outro, das adversidades das escolhas universitárias (ou não), de outros caminhos possíveis, de um mundo de trabalho ainda opressor, mas que pode ser emancipador. E, nesse espaço, queremos refletir sobre uma possibilidade de função para o Ensino Médio.

Agradecemos a escolha e convidamos todos a refletir sobre esse mundo conosco.

Márcio Rogério de Oliveira Cano

Coordenador da coleção

Prefácio

O pensamento produzido e desenvolvido no ambiente escolar precisa ler e interpretar bem, local e globalmente, os fenômenos naturais e sociais que nos cercam.

Entre os muitos desafios da escola está a indispensável compreensão do significado de direitos humanos, cujo desrespeito, que gera situações dramáticas, tem sido evidenciado em todas as partes do mundo, tornando-se um sério problema a ser enfrentado pela humanidade. Também há a necessidade de se aprender a conviver, respeitar as diferenças e entender a importância do diálogo, da promoção da cultura de paz e da amizade. Podemos citar ainda a vital compreensão das demandas postas pela questão ambiental, que coloca em xeque a sobrevivência de todas as formas de vida, quando observado o sistemático estrago causado ao planeta em função das ações humanas, sempre em busca de mais dinheiro. Também é essencial a interpretação da geopolítica, que envolve as diversas nações, as quais, muitas vezes, se envolvem em disputas militares e/ou econômicas, com consequências prejudiciais a milhões de pessoas no mundo. Como se vê, são muitos os desafios da humanidade que, na escola, espaço plural e democrático – ao menos é assim que deve ser –, podem e precisam ser objeto de análise e discussão, visando, coletivamente, construir alternativas com vistas a um mundo melhor para todos.

Entendemos que um sistema escolar apropriado às demandas dos tempos atuais deve ser constantemente repensado com a finalidade de se apresentar sempre renovado, arejado. Na escola, novas ideias são imprescindíveis, sempre! Assim como novas práticas que levem o ambiente escolar a ser contemporâneo, sintonizado com a realidade e capaz de responder às demandas apresentadas a ele. Com isso, estamos afirmando que ela não pode ficar parada – no tempo e no espaço – como se estivesse, há muito tempo, concluída.

A escola, essa importante instituição de nossa sociedade, é feita por pessoas. Tal observação soa óbvia, mas consideramos importante lembrar isso em tempos em que a burocracia excessiva, o cumprimento de determinadas regras (muitas delas tolas) e a forma de funcionamento, em geral, contribuem para colocar de lado o que é mais valioso e deve ser preponderante: as relações solidárias, que resultam em cooperação e construção coletiva de conhecimentos.

Para nós, professores de Geografia, são numerosos os temas instigadores identificados com essa disciplina no Ensino Médio. Entre eles, estão: interpretar a realidade em que vivemos; compreender a geopolítica e toda a carga de significados que possui e que, de certa forma, molda o mundo; identificar e analisar as relações entre sociedade e natureza; refletir sobre questões urbanas e rurais; reconhecer distintas culturas.

Este livro trata de temas da Geografia escolar que podem ser desenvolvidos no Ensino Médio. Ele é constituído de três partes. A primeira, busca estabelecer uma relação entre a construção do pensamento geográfico e o ensino e a aprendizagem desse estudo. Apresenta como e por que a geografia se torna uma ciência e passa a fazer parte da vida escolar. Aborda, portanto, a história e o ensino da disciplina.

Na segunda, nos Capítulos 2, 3 e 4, são abordadas as possíveis interpretações do mundo global, do fenômeno da globalização e dos blocos econômicos, assinalando tendências que vão da mais otimista, caso se pense que um mundo harmonioso nos espera com a "vitória" do liberalismo, até a mais pessimista, como a apresentada pelo choque das civilizações. Desde o fim da Guerra Fria, vivemos em um mundo unipolar? Ou o poder da superpotência está em xeque com a emergência de novas potências regionais e globais? As teses que interpretam o mundo global são realmente antagônicas ou se complementam? A certeza que temos é de que são fundamentais para que os alunos compreendam a dinâmica mundial. Entender a realidade passa, necessariamente, pela compreensão do que tem ocorrido, já há muito tempo, no cenário global, mais especificamente a partir das profundas transformações que aconteceram no final do século XX.

Em seguida, a globalização é analisada também a partir de diversas óticas, desde as que defendem sua existência há muito tempo, já com os descobrimentos, até aquelas que afirmam que a globalização é um engodo, passando pela crítica e pelas posturas que veem, nesse fenômeno, algo que contribui muito significativamente para a construção de um mundo melhor. Tão difundida e repetida como algo que faz parte da vida cotidiana pela presença de aparatos tecnológicos, a globalização é aqui descortinada para que os alunos, mediados pelo professor, possam lê-la e interpretá-la com propriedade.

No Capítulo 4, os blocos econômicos são apresentados, através de um minucioso levantamento deles em todo o mundo. Para além das discussões que geralmente se limitam a analisar a União Europeia, o Nafta e o Mercosul, como principais e mais próximas referências, apresentamos outros importantes blocos existentes para que se possa estudar a conjuntura que os cercam e os reproduzem. A sua existência exige que sejam entendidos como um fenômeno de nosso tempo.

Na terceira parte é abordada a urbanização, um fenômeno cada vez mais presente no mundo, e alguns de seus mais significativos dilemas. Começando pelo Capítulo 5, discutimos a origem e o desenvolvimento das cidades, desde o surgimento dos primeiros núcleos urbanos até a existência das metrópoles contemporâneas. O que tem significado esse espaço para seus habitantes? Por que viver nesse meio? Quais as vantagens e as desvantagens que a cidade oferece? É em torno de questões como essas que gira o capítulo.

Depois, escolhemos apontar para um problema comum e muito preocupante da cidade: a produção de lixo. O assunto, interdisciplinar e de grande complexidade, é objeto de preocupação internacional, afinal, a produção de resíduos no planeta aumenta a cada dia. Sua compreensão, no nosso entender, é fundamental para que os alunos também ajudem a construir um mundo melhor, como, por exemplo, com mudanças de hábitos.

Finalmente, no Capítulo 7, discutimos se a cidade está doente. Considerando que a maioria absoluta da população brasileira vive no meio urbano, a pertinência desse debate ganha muita relevância. Os desafios de diversas ordens postos às metrópoles e que envolvem, entre outros aspectos, a saúde das pessoas e o meio ambiente, são objeto de discussão e análise nesse ponto.

No final de cada capítulo, há uma seção que intitulamos "Com os alunos". Nela, apresentamos sugestões que acreditamos contribuir significativamente com o trabalho pedagógico. Também recomendamos sequências didáticas como mais uma forma de abordagem para que o tema tratado possa ser bem desenvolvido. Sugestões de leitura e referências completam cada um dos capítulos.

Boa leitura e bom trabalho.

Robson da Silva Pereira

Professor da rede municipal de ensino de São Paulo

Conteúdo

PRIMEIRA PARTE: SOBRE A GEOGRAFIA **19**

1. A GEOGRAFIA NA ESCOLA E SUA CONSTITUIÇÃO COMO CIÊNCIA 21
   1.1 O ENSINO E A APRENDIZAGEM ESCOLAR 21
   1.2 A EVOLUÇÃO DO PENSAMENTO GEOGRÁFICO 24
   1.3 COM OS ALUNOS 29
   REFERÊNCIAS BIBLIOGRÁFICAS 34

**SEGUNDA PARTE: GEOPOLÍTICA, GLOBALIZAÇÃO E
BLOCOS ECONÔMICOS** **37**

2. GEOPOLÍTICA E A "NOVA" ORDEM MUNDIAL 39
   2.1 AS INTERPRETAÇÕES DO MUNDO GLOBAL 40
   2.2 COM OS ALUNOS 53
   REFERÊNCIAS BIBLIOGRÁFICAS 65

3. A GLOBALIZAÇÃO 69
   3.1 INTERPRETAÇÕES DA GLOBALIZAÇÃO 69
   3.2 COM OS ALUNOS 82
   REFERÊNCIAS BIBLIOGRÁFICAS 94

4. BLOCOS ECONÔMICOS 97
   4.1 BLOCOS DE DESTAQUE 98
   4.2 OUTROS BLOCOS 107
   4.3 COM OS ALUNOS 116
   REFERÊNCIAS BIBLIOGRÁFICAS 123

TERCEIRA PARTE: URBANIZAÇÃO E AMBIENTE **127**

5. URBANIZAÇÃO 129
   5.1 COM OS ALUNOS 139
   REFERÊNCIAS BIBLIOGRÁFICAS 145

6. O LIXO COMO PRODUTO URBANO 147

    6.1 COM OS ALUNOS.. 159

    REFERÊNCIAS BIBLIOGRÁFICAS.. 164

7. MEIO AMBIENTE URBANO 167

    7.1 COM OS ALUNOS.. 177

    REFERÊNCIAS BIBLIOGRÁFICAS.. 181

Primeira parte:
sobre a geografia

1

A geografia na escola
e sua constituição como ciência

1.1 O ENSINO E A APRENDIZAGEM ESCOLAR

Muito já se falou a respeito do significado da geografia. Para nós, professores da Educação Básica, as tentativas de definição de seu objeto, presentes em diversas obras, talvez não representem mais novidades. Entretanto, o que poderíamos chamar de "debate interno" e que envolve diferentes perspectivas da construção do pensamento geográfico conduz seus estudiosos – professores e pesquisadores – a variadas possibilidades de análise e consequentes compreensões do espaço. A nosso ver, essa condição é reveladora do quanto a geografia é rica, do ponto de vista de sua constituição como ciência, e interdisciplinar, do ponto de vista do ensino e da aprendizagem escolar, já que importantes temas, como meio ambiente, consumo, migrações, conjuntura econômica, política nacional e internacional, entre tantos outros, ao serem abordados nas aulas, dialogam com outras áreas do conhecimento. As características e as especificidades que a envolvem, tornam o desafio do ensino e da aprendizagem dessa matéria ainda mais complexo e instigante.

Em outro texto em que tentamos definir o propósito da geografia em um segmento da Educação Básica, afirmamos:

> *A geografia, juntamente com outras ciências humanas, cumpre o importante papel de analisar e discutir a sociedade. Desse modo, entende-se que a reflexão acerca da estrutura dessa disciplina, assim como de seu objeto, feita especialmente com os*

Dias atuais: Não apenas neles. Há registros de que o trabalho pedagógico, há anos, vive uma crise como reflexo da crise da própria escola e, mais especificamente, da Geografia, vivida em períodos do século XX. Várias obras recomendadas na seção "Sugestões de leitura" abordam essa questão.

Ensino da geografia: Sobre isso, consideramos importante lembrar que certas frustrações – de professores e alunos – ficam evidenciadas nas aulas. Por exemplo, um aluno que vive em cidade grande, totalmente imerso no meio urbano, cujo interesse esteja mais voltado para a análise do local e, por essa razão, possui pouca ou nenhuma referência de aspectos físicos de determinado lugar que ele não conhece ou, em princípio, não faz ideia de onde se localize e que é objeto de estudo, pode apresentar certo comportamento como a frustração. Esse distanciamento, a nosso ver, pode resultar em uma aprendizagem pouco significativa. Preocupação que, para nós, deve ser constante ao propormos um tema, visando superar tal distanciamento e proporcionar ao aluno a compreensão da importância que tem o estudo do espaço sob diversas perspectivas.

Diversas obras: São muitos os autores que discutem a importância da geografia escolar, embora poucos de fato conheçam a realidade »»

alunos do Ensino Fundamental, no ciclo II, possa contribuir muito significativamente para a formação de um cidadão crítico em relação à compreensão da realidade. (PEREIRA, 2012, p. 21)

Referíamo-nos ao Ensino Fundamental, no entanto, tal reflexão, entendemos, cabe ao Ensino Médio também, uma vez que a geografia nesse nível de ensino é uma continuação mais aprofundada de conceitos e temas vistos nos anos escolares anteriores.

Entendemos que seu ensino pode contribuir para uma formação que permita ao aluno refletir sobre os problemas da sociedade; compreender melhor as relações entre a sua cultura e as outras; obter uma leitura crítica do espaço, partindo da realidade local até a global e da relação entre homem e natureza. A contribuição que o estudo dessa ciência pode proporcionar, como sabemos, é grande e importante para os alunos.

No entanto, sabemos também que, na prática, não é sempre que se consegue atingir tais objetivos, que é difícil o trabalho pedagógico nas escolas em dias atuais por diversas razões e que o sonho de que a escola e a geografia permitiriam à maioria dos estudantes compreender bem e contribuir para uma transformação da realidade ainda está relativamente distante. Essa constatação, que a nosso ver não pode ser negada nem esquecida, não deve ser sinônimo de desesperança com a escola e, mais especificamente, com o ensino da geografia.

Os Parâmetros Curriculares Nacionais para o Ensino Médio asseveram:

Nunca o espaço do homem foi tão importante para o desenvolvimento da história. Por isso a Geografia é a ciência do presente, ou seja, é inspirada na realidade contemporânea. O objetivo principal destes conhecimentos é contribuir para o entendimento do mundo atual, da apropriação dos lugares realizada pelos homens, pois é através da organização do espaço que eles dão sentido aos arranjos econômicos e aos valores sociais e culturais construídos historicamente. (BRASIL, 1999, p. 311, grifo do autor)

Essa visão positiva do ensino escolar da geografia pode ser constatada também em diversas obras publicadas com a finalidade de discutir sua importância e colaborar com sua aprendizagem. Já há algum tempo, textos que discutem a geografia escolar e suas nuanças estão à disposição dos professores desse nível de ensino e inegavelmente contribuem para que se estabeleça uma discussão mais aprimorada nas escolas entre os docentes e entre estes e os alunos.

Segundo Pontuschka, Paganelli e Cacete,

A geografia, como disciplina escolar, oferece sua contribuição para que alunos e professores enriqueçam suas representações sociais e seu conhecimento sobre as múltiplas dimensões da realidade social, natural e histórica, entendendo melhor o mundo em seu processo ininterrupto de transformação, o momento atual da chamada mundialização da economia. (2007, p. 38)

E, de acordo com Filizola,

O raciocínio geográfico diz respeito a uma maneira particular de olhar o mundo e interpretá-lo. Considerando a dimensão espacial da sociedade, o raciocínio geográfico favorece ou potencializa a capacidade de estabelecer relações, de articular com propriedade os diferentes níveis ou dimensões do espaço e, assim, permitir que o cidadão entenda o mundo a partir de seu lugar. Em outras palavras, propor o desenvolvimento do raciocínio geográfico nas aulas de geografia significa criar uma nova, promissora e mais rica janela para a realidade. (2009, p. 6)

Partindo desses pressupostos e pensando nas aulas que regemos, poderíamos nos perguntar: qual é a geografia ensinada atualmente na Educação Básica? A qual propósito ela serve? Ela realmente tem contribuído para aprofundar a visão crítica sobre a realidade? Por que, afinal, ensinamos o que ensinamos? As respostas a essas e outras questões "só podem ser encontradas por nós, professores de geografia, em nossas reflexões diárias a respeito do nosso trabalho pedagógico e, é claro, compartilhando nossas aspirações com os colegas em horários destinados a essas discussões" (PEREIRA, 2012, p. 21).

Trata-se, portanto, de um exercício cotidiano necessário que visa, cada vez mais, a aprimorar nosso trabalho e ter claro quais são nossos objetivos pedagógicos, quais as concepções de geografia que são levadas por nós aos alunos e se contribuímos para que efetivamente ocorra uma análise reflexiva do papel da escola na sociedade e, mais especificamente, para os alunos no dia a dia.

>>> das escolas sobre as quais discutem e para as quais propõem ações. Longe de apenas contestar tal situação, trata-se, antes, de uma constatação. É importante registrar, porém, que muitos autores produzem obras de grande importância para o desenvolvimento do trabalho pedagógico do professor que atua na Educação Básica.

1.2 A EVOLUÇÃO DO PENSAMENTO GEOGRÁFICO

Assim como qualquer outra ciência, a geografia está em constante processo de transformação. Desde sua estruturação, ocorrida a partir do século XIX, a ciência geográfica tem apresentado várias formas de estudar o espaço conforme suas diversas correntes. Seu amplo leque de análise permite-lhe múltiplas intervenções, o que tem contribuído muito significativamente para seu aprofundamento teórico e, portanto, para sua evolução.

Inúmeras abordagens já foram apresentadas sobre o objeto da geografia. Em uma interpretação do geógrafo francês Yves Lacoste (1929-), considerada clássica, foi assim definido: "A geografia – isso serve, em primeiro lugar, para fazer a guerra". Tal afirmação, significaria o que em uma aula no Ensino Médio? Ao questionar os alunos sobre o que é e para que serve a geografia, é provável que digam coisas como: "serve para estudar mapas", "a natureza", "para localizar os países", "conhecer lugares" etc. Realizando essa enquete, podemos perceber que talvez não exista clareza entre os alunos sobre o que realmente essa ciência social se propõe a estudar e ensinar nas escolas, embora, de certo modo, respostas como essas não possam ser consideradas absurdas.

Evolução de seu pensamento: Não estamos propondo o estabelecimento de um minicurso de geografia para os alunos do Ensino Médio que aborde minuciosamente a história do pensamento geográfico, mas a realização das devidas relações existentes entre a evolução do pensamento geográfico e os temas que fazem parte do currículo dessa disciplina. Podemos fazer isso observando e analisando a presença de conceitos que historicamente constituem a geografia como ciência e contribuem para explicar diversos fenômenos.

Cremos que, para os alunos compreenderem melhor o objeto da geografia, seja importante que conheçam a evolução de seu pensamento. Como é sabido, o desenvolvimento do pensamento geográfico passou por diferentes "fases" em que preocupava-se ora em justificar expansionismos, ora em interpretar a realidade por meio de padrões estatísticos, ora em analisar e compreender o espaço de forma considerada crítica.

A geografia nos remete à Antiguidade, aos gregos que estudavam a forma da Terra e tentavam traçar um mapa que representasse o mundo. Anaximandro (610-546 a.C.) teria sido o primeiro a realizar tal proeza ao confeccionar um mapa circular. Heródoto (484-424 a.C.), por meio de suas inúmeras viagens, pôde corrigir mapas feitos até então e descrever com propriedade vários lugares visitados. Entretanto, Estrabão (63 a.C.-23 d.C.) que é considerado o "pai" da geografia. Foi a partir de viagens por países até então conhecidos que ele escreveu, em dezessete volumes, uma de suas mais importantes obras, intitulada *Geografia*. Nela, além de descrever os aspectos geográficos, tratou também da história e da cultura dos povos (PEREIRA, 2012).

Entre os precursores da geografia moderna está o naturalista alemão Alexander von Humboldt (1769-1859) que, por meio de viagens de caráter exploratório, descortinou um novo mundo do ponto de vista multidisciplinar, fazendo importantes descobertas na área da botânica, da meteorologia e, claro, da geografia. Chegou a defini-la como um conjunto de saberes, uma síntese dos conhecimentos relativos à natureza terrestre (PEREIRA, 2012).

No entanto, foi com o filósofo e historiador alemão Karl Ritter (1779-1859) que a preocupação com a vida humana ganhou mais projeção nos estudos do espaço. Esse autor incorporou o homem ao centro de seus estudos, pois descreveu a Terra considerando a ocupação humana. Ao analisar o curso histórico e social das populações, Ritter buscou também instituir um estudo das localidades (PEREIRA, 2012).

As etapas que constituem a evolução do pensamento geográfico podem, de forma objetiva, ser destacadas como apresentamos a seguir.

Determinismo

Perspectiva postulada no século XIX pelo alemão Friedrich Ratzel (1844-1904), fala das influências que as condições naturais exerceriam sobre o ser humano. Esse autor desenvolveu estudos direcionados à relação do homem com a natureza, que ele denominou *antropogeografia*. Sua proposta consistia em afirmar que o ambiente interfere no desenvolvimento de uma sociedade na medida da disponibilidade dos recursos naturais existentes. O desenvolvimento seria, assim, influenciado por um processo dinâmico e constante de adaptação ao ambiente e não um resultado direto da predominância da natureza sobre a sociedade. O progresso estaria ligado ao uso permanente dos recursos oferecidos pelo meio, incluindo até mesmo a ampliação do espaço – entenda-se conquista de novos territórios –, considerado necessário ao atendimento das necessidades de uma sociedade.

Esse argumento pode ser entendido como a base do conceito de espaço vital formulado pelo autor, o qual, para determinada sociedade, corresponde ao território, cujo domínio consiste em um direito, que tem finalidade de alcançar o equilíbrio entre suas necessidades sociais e a disponibilidade de recursos naturais. As afirmações de Ratzel estavam fortemente ligadas ao momento histórico em que vivia e contribuíram para legitimar o expansionismo do Império Alemão, liderado por Otto Von Bismark (1815-1898), que resultou em conquistas de novas terras e na unificação da Alemanha.

Ratzel não afirmou haver um determinismo ambiental, mas sim uma influência da natureza na vida humana. No entanto, foi com base em seus postulados que surgiu, posteriormente, a chamada concepção determinista da geografia (PEREIRA, 2012). Embora não contradizendo as proposições iniciais desse autor, os defensores do determinismo foram além delas. Consideraram que um meio natural visto como mais hostil proporciona maior nível de desenvolvimento a um grupo social, ao exigir um (suposto) grau mais elevado de organização para suportar todas as dificuldades impostas pelo meio. Desse modo, o rigoroso inverno justificaria o desenvolvimento – considerado mais avançado – de determinadas sociedades europeias. Foi por essa razão, argumentavam, que não houve grandes dificuldades em subjugar grupos sociais considerados mais atrasados por estarem localizados em regiões tropicais.

Ainda hoje é comum autores defenderem essa tese utilizando dados estatísticos que a comprovariam. Vemos isso adiante, quando consideramos um exemplo da utilização da concepção determinista em uma obra da chamada geografia quantitativa.

Possibilismo

Teve origem na França, com Paul Vidal de la Blache (1845-1918). La Blache produziu um novo discurso geográfico em que o homem não seria passivo em relação ao ambiente, ao considerar o poder de interferência e transformação da natureza realizada por meio das técnicas. Por afirmar haver na relação homem--natureza possibilidades para alcançar um nível social desejável seu pensamento, foi mais tarde denominado possibilista.

Combateu a antropogeografia de Ratzel argumentando que seu "determinismo" não considerava as possibilidades resultantes do relacionamento permanente e cumulativo da sociedade com o ambiente. Seus argumentos se enquadravam no pensamento político dominante francês, colaborando, portanto, com a elite econômica daquele país (PEREIRA, 2012). Com essa tese, a natureza passou a ser considerada fornecedora de possibilidades e o homem, o principal agente geográfico.

A diferenciação de áreas

Em meados do século XX, o pensamento geográfico ganharia novos rumos com o surgimento de perspectivas até então consideradas inovadoras para a geografia chamada tradicional.

A dicotomia determinismo *versus* possibilismo seria superada com as propostas do alemão Alfred Hettner (1859-1941) e do estadunidense Richard Hartshorne (1899-1992).

Buscando explicar o que chamou de "diferenciação de áreas", Hettner argumentou que a geografia "visa explicar 'por quê' e 'em que' diferem as porções da superfície terrestre [...]. O caráter singular das diferentes parcelas do espaço adviria da particular forma de inter-relação dos fenômenos aí existentes" (MORAES, 1983, p. 85).

De maneira semelhante, Hartshorne propôs que "o método especificamente geográfico viria do fato de essa disciplina trabalhar o real em sua complexidade, abordando fenômenos variados, estudados por outras ciências. [...] O estudo geográfico não isolaria os elementos, ao contrário, trabalharia com suas inter-relações" (MORAES, 1983, p. 87).

Pode-se dizer que essa perspectiva interpreta o espaço a partir das áreas constituídas pela integração de fenômenos presentes em sua abrangência geográfica e que, por serem comuns (os fenômenos) a determinada área, se distingue das demais. Assim, a diferenciação é vista como variação. E essa interpretação passa a ser um instrumento de identificação, classificação e organização do espaço em suas diferentes escalas.

Quantitativa

É uma corrente de pensamento originada no século XX que baseia a investigação científica em dados estatísticos e cálculos matemáticos, os quais, estruturados e sistematizados, procuram explicar os fenômenos geográficos relacionados à região estudada. Teve predomínio em países como Estados Unidos, principalmente na segunda metade do século passado, quando passou a ser alvo de críticas por não considerar, em suas análises, as particularidades dos fenômenos, apresentando dados de forma generalista, e também por supostamente ser imparcial – em nome da neutralidade científica –, ao prender-se apenas às aparências do real.

Alguns autores adeptos da geografia quantitativa têm utilizado em seus textos, repletos de tabelas, gráficos e mapas, as ideias importadas do determinismo geográfico para justificar suas teses, como ocorre, por exemplo, na obra *Geografia é destino?* Esses autores, ao analisarem o desenvolvimento socioeconômico de regiões tropicais e não tropicais, assinalam a dificuldade imposta pelo meio (que chamam geografia) para explicar a pobreza em zonas tropicais.

> *A prova cabal do efeito marcante e difuso da geografia sobre o desenvolvimento é o fato de que a maioria dos países pobres do mundo está localizada nos trópicos, enquanto os níveis mais elevados de desenvolvimento encontram-se nas áreas não tropicais.*
>
> *Se a geografia não fosse importante, a expectativa seria encontrar condições econômicas similares por todo o mundo, sujeitas a alguma variação aleatória. Na verdade, raramente deparamos com países pobres no meio de uma região rica, embora possamos encontrar uns poucos países ricos nas áreas tropicais. (GALLUP; GAVIRIA; LORA, 2007, p. 42)*

Conforme os autores afirmam, seriam as condições naturais, notadamente as climáticas, as principais responsáveis pelas diferenças no nível de desenvolvimento entre países e regiões do globo.

Humanística ou da percepção

A geografia humanística ou da percepção procura valorizar, por meio de sua cultura, a experiência do indivíduo ou do grupo com o lugar. O objetivo dessa vertente é buscar a essência dos objetos que compõem a paisagem a partir do que se observa. Assim, o espaço vivido, rico de simbolismos e dinâmico, surge como um elemento crucial para a compreensão da realidade (PEREIRA, 2012).

Para cada grupo humano ou indivíduo, existe uma visão do mundo que se expressa por meio da relação estabelecida com o ambiente. Daí, podem surgir experiências marcantes com o lugar em diferentes escalas, desde um espaço reduzido até os mais amplos, que passam a ter importância à medida que significam mais para o sujeito. O lugar, portanto, é aquele em que a pessoa ou um grupo se encontra ambientado e ao qual está integrado, por ter significância afetiva.

Os defensores dessa corrente argumentam que sua abordagem estuda os aspectos do homem que são mais distintamente humanos: significações, valores, metas e propósitos. Entre seus principais autores, estão o geógrafo sino-americano Yi-Fu Tuan (1930-), a irlandesa Anne Buttimer (1938-), e o galês Edward Relph (1944-).

Crítica

O chamado movimento de renovação da geografia trouxe à tona a corrente denominada geografia crítica, que rompeu com a geografia até então difundida e praticada ao procurar rever os caminhos trilhados e defender mais engajamento político dos geógrafos, condenando a neutralidade das pesquisas e sugerindo soluções para os problemas reais. Com uma leitura crítica da realidade, essa vertente defende a construção de um espaço mais democrático e justo do ponto de vista socioeconômico. Propõe também a análise do espaço geográfico e sua crítica para denunciar e compreender as causas das gritantes diferenças regionais procurando sua superação.

Ao ser levada às escolas, a geografia crítica não foi mais um conjunto de conteúdos, e sim, uma proposta de mudança na forma de analisar o espaço junto aos alunos. A finalidade era alterar as relações estabelecidas até então e cujo resultado, segundo os geógrafos críticos, tem sido o da geografia com pouca ou nenhuma reflexão sobre o real.

Autores de várias vertentes ideológicas são considerados críticos e importantes referências dessa corrente do pensamento geográfico, como Yves Lacoste e o brasileiro Milton Santos (1926-2001).

Acreditamos que a compreensão dos caminhos trilhados pela ciência geográfica, ainda que de maneira sintetizada como ocorre neste texto, contribui para melhor entender o sentido da geografia como ciência, repleta do discurso acadêmico e, como matéria escolar, desenvolvida e praticada cotidianamente por professores. Uma matéria, como é sabido, essencial para que os alunos construam novas perspectivas de leitura do mundo.

1.3 COM OS ALUNOS

O objetivo das reflexões e atividades que apresentamos é aproximar os alunos do significado que tem geografia. Na escola, defini-la – o que ela realmente se propõe a estudar – e, portanto, compreendê-la bem não é fácil. Refletir sobre o escopo, abordando-a de maneira clara, é essencial para que se alcance cada vez mais e melhor sua compreensão.

O desafio de ensinar é enorme. Na perspectiva escolar, a geografia, assim como qualquer outra disciplina, não pode ter a pretensão de explicar tudo, mas certamente pode e deve contribuir significativamente para responder a certas questões e problemas contemporâneos, de maneira a levar os alunos a perceber a importância que têm.

Antes, porém, cremos ser necessária uma reflexão acerca de nosso trabalho pedagógico. Podemos nos perguntar, por exemplo: como desenvolvemos o trabalho de ensinar a geografia na escola? Por que ensinamos o que ensinamos? No que se fundamentam nossos ensinamentos? Pensamos que essas perguntas, entre outras, devam sempre ser feitas a nós mesmos e a nossos colegas, em um exercício permanente de reflexão sobre a relação do ensino com a aprendizagem. Desse modo, acreditamos que poderemos apresentar a geografia aos alunos de uma maneira mais ampla, plural e clara, com caráter interdisciplinar, como sugerem os PCNs do Ensino Médio, ao se referirem à prática da geografia escolar.

> *[...] a Geografia pode articular-se de forma interdisciplinar com a Economia e a História, quando tratar das questões ligadas aos processos de formação da divisão internacional do trabalho e a formação dos blocos econômicos. Questões contemporâneas, tais como crise econômica, globalização do sistema financeiro, poder do Estado e sua relação com a economia e as novas resultantes espaciais das desigualdades sociais, podem ser tratadas pela Geografia em diálogo com a Economia e a Sociologia. A espacialização dos problemas ambientais e da biotecnologia favorece a interação com a Biologia, a Física, a Química, a Filosofia e, mais uma vez, a Economia. (BRASIL, 1999, p. 312)*

Assim, compreendemos que, ao ensinar geografia, devamos, com os alunos, pensar nas relações existentes entre os lugares; fazer a leitura crítica do espaço; atribuir significado aos acontecimentos, como, por exemplo, por que tal evento (natural ou não) ocorre aqui e não em outro lugar? Precisamos também articular as escalas local e global; analisar os objetivos nos posicionarmos criticamente perante as formas de comunicação, como o cinema, a TV, o jornal e os demais meios midiáticos de massa, entre outras ações que consideramos essenciais.

Vivemos em uma realidade que podemos julgar complexa, por conta da vida nas cidades, com o "corre-corre" diário, o enfrentamento do trânsito, da poluição, da violência urbana etc. Porém, o que significa dizer isso a um aluno do Ensino Médio em uma

---

Interdisciplinar: Entendemos que a interdisciplinaridade consiste em uma colaboração mais orgânica entre as disciplinas. Não é possível, por exemplo, falar em meio ambiente sem discutir a sociedade, a economia, a geologia etc. A intersecção das disciplinas é possível e necessária e pode representar um rompimento de barreiras entre elas. Na escola, é mais que um esforço entre disciplinas, é entre as pessoas que acreditam na interdisciplinaridade, pois exige certo rompimento com as especificidades de cada disciplina. Não se trata de um esfumaçamento do saber, pois, para que a interdisciplinaridade ocorra, há a necessidade de uma formação específica sólida. Trata-se da crítica do modelo estanque disciplinar criado e dissolvido historicamente. Seria o ponto de fusão entre duas ou mais áreas do conhecimento. É, portanto, uma questão desafiadora para a educação, pois a interdisciplinaridade pode ter um papel transformador na educação e na ciência.

aula de geografia? Buscamos desvendar a realidade de modo que ela se torne compreensível? Nós, professores, já nos questionamos a respeito disso? Podemos verificar o que os alunos entendem por espaço geográfico e sempre buscar o aprofundamento das questões apresentadas? O espaço geográfico é organizado por quem, para quem e para quê? Como essa organização ocorre?

Ensinar geografia exige de nós uma postura crítica. É muito importante que percebamos melhor a realidade em que vivem os alunos e, por meio da análise do espaço, contribuamos para que todos compreendam mais e melhor a lógica que move o mundo.

Em um excelente texto voltado à análise do pensamento geográfico e à tentativa de definir a geografia, Claval afirma:

> *A Geografia explica (i) como os homens se orientam na superfície terrestre e como eles a representam; (ii) como eles modelam a Terra para habitá-la e tirar dela aquilo que consomem; (iii) como eles vivem, se apegam a ela e a fazem sua. Não é uma ciência natural do meio ambiente, ainda que ela integre muitos dos resultados obtidos nesse campo. É uma ecologia das sociedades humanas. O homem faz parte da natureza, como todos os outros seres, mas ele vive também no sonho, no imaginário. Suas escolhas são orientadas, seus comportamentos, justificados, certas porções do espaço, valorizadas, até sacralizadas, em referência às imagens que ele constrói para si do alhures, do aquém ou do além. (2010, p. 133)*

Se conseguirmos mostrar aos alunos que fazemos parte de um planeta extraordinário, onde a vida é elemento abundante, que a humanidade é parte do planeta e que não existem donos desse mundo tão diverso, já andamos um bom caminho. É com a geografia que podemos mostrar essa e outras perspectivas interessantes a eles, levando-os a pensar a realidade e contestar o que aparentemente é aceito como normal. Devemos mostrar que a justiça socioeconômica e o equilíbrio ambiental são necessidades urgentes em uma lógica que aponta para o contrário e seduz a maioria. Compreender o mundo como ele pode vir a ser nos leva à necessidade de contestar veementemente o que está posto até o momento para a humanidade.

Deve ser considerado como normal o homem enviar sondas a outros planetas ao mesmo tempo que uma parte significativa da humanidade a cada dia morre de fome e de doenças

32 Geografia

que poderiam ser facilmente evitadas? Qual seria o resultado dessa discussão com os alunos? Estimulemos os alunos a analisar de forma crítica o mundo que construímos até agora, o espaço geográfico, o modo de produção dominante, o significado da ideologia. Relacionemos tais fenômenos com a história e com as perspectivas que embasam a construção do pensamento geográfico.

Para desenvolver o trabalho pedagógico, acreditamos na construção do conhecimento feita de forma dialógica com os alunos. Assim, os interlocutores, ao se posicionarem por meio do diálogo horizontal – em que um não está acima do outro –, podem propor novas e mais frutíferas interpretações e críticas do real e, conjuntamente, buscar e apresentar novas soluções.

> **Dialógica:** Entendemos dialogicidade como postulada por Paulo Freire (1921-1997), adequada à relação professor-aluno. O autor afirma ser "o diálogo uma exigência existencial. E, se ele é o encontro em que se solidarizam o refletir e o agir de seus sujeitos endereçados ao mundo a ser transformado e humanizado, não pode reduzir-se a um ato de depositar ideias de um sujeito no outro, nem tampouco tornar-se simples troca de ideias a serem consumidas pelos permutantes" (FREIRE, 2002, p. 79).

Se questionarmos os alunos a respeito da realidade que nos cerca – como, por exemplo, por que a sociedade em que vivemos tem as características que possui? Será que, em essência, tudo sempre foi como é atualmente? –, o que responderão? Quantos deles conhecem ou participam de algum grupo que atua em defesa do meio ambiente, de pessoas oprimidas ou de luta por um mundo melhor e justo? Quantos exemplos poderiam ser dados, durante a aula, de pessoas que trabalham no plano micro (nosso bairro, nossa cidade) para que, no plano macro (nosso país, o globo), seja diferente, seja melhor?

No Ensino Médio, na vida dos mais jovens, as relações interpessoais são muito marcantes e influentes. Os alunos procuram, por exemplo, ser aceitos no grupo, ser vistos como alguém que está na moda e outras coisas mais. Nós já passamos por isso. Na verdade, de certa forma, passamos por isso durante a vida toda. Tais situações influenciam demasiadamente o comportamento, de modo que exige de nós bastante tato na relação a ser estabelecida, a fim de que o objetivo central de construção do conhecimento seja alcançado.

Assim, ao ensinar, esperamos alcançar uma aprendizagem que seja significativa, com a qual os alunos percebam a importância da geografia na vida cotidiana. Tal aprendizagem deve ter permanente estímulo à curiosidade científica, para que os alunos possam, por meio da leitura e da interpretação crítica da realidade, intervir nela e transformá-la. Por isso, entendemos também que em nosso trabalho cotidiano devemos desempenhar nosso papel com o máximo possível de comprometimento, sobriedade e solidariedade.

Sequência didática

Atividade

Conhecendo um pouco da história do pensamento geográfico.

Objetivos

Reconhecer a importância da geografia como ciência social. Relacionar conceitos das correntes do pensamento geográfico com temas que fazem parte do currículo da geografia escolar.

Desenvolvimento

Módulo 1

De maneira objetiva, contextualize a geografia como ciência social e apresente aspectos relevantes de sua evolução ao longo do tempo. Converse com os alunos a respeito da importância do conhecimento geográfico para o entendimento de diversos fenômenos sociais e naturais.

Módulo 2

Depois de uma explanação que mapeie a evolução da geografia como ciência, organize a turma em grupos e distribua fragmentos escritos que representem, cada um, uma corrente do pensamento geográfico. Excertos devem conter uma ideia central que a caracterize. Por exemplo: um grupo recebe o seguinte trecho: "O objetivo dessa vertente é buscar a essência dos objetos que compõem a paisagem a partir do que se observa. Assim, o espaço vivido, rico de simbolismos e dinâmico, surge como um elemento crucial para a compreensão da realidade". E, assim, cada grupo deve receber um desses. Aponte na lousa as correntes de pensamento com as quais pretende trabalhar. Questione os alunos: com qual corrente se relaciona cada fragmento? Construa com os alunos o caminho para se chegar à associação correta.

Módulo 3

Distribua imagens aos alunos que, de alguma maneira, remeta à ideia de uma das correntes do pensamento geográfico. Por exemplo: gráficos ou tabelas com dados estatísticos de uma região; uma foto que revele "confronto" entre homem e natureza, como na ação de um maremoto, em que – para os homens – não há o que fazer, ou o corte de um morro para a passagem de uma estrada, em que – para o morro – também não há o que fazer etc. Com o conhecimento que já possuem, os alunos devem, sozinhos, associar as imagens à corrente que acreditem estar relacionada. Após a realização da tarefa, discuta com eles as polêmicas e as divergências que envolvem as correntes, como evoluíram e quais as influências mais significativas de cada uma.

Avaliação

Solicite aos alunos a elaboração de um texto em que exponham a compreensão que tiveram da evolução do pensamento geográfico.

REFERÊNCIAS BIBLIOGRÁFICAS

BRASIL. Ministério da Educação. Secretaria de Educação Básica. **Orientações curriculares para o Ensino Médio:** ciências humanas e suas tecnologias. Brasília, 2008.

_____. Ministério da Educação. Secretaria de Educação Média e Tecnológica. **Parâmetros Curriculares Nacionais:** Ensino Médio. Brasília, 1999.

CLAVAL, Paul. **Terra dos homens:** a geografia. São Paulo: Contexto, 2010.

FILIZOLA, Roberto. **Didática da geografia:** proposições metodológicas e conteúdos entrelaçados com a avaliação. Curitiba: Base Editorial, 2009.

FREIRE, Paulo. **Pedagogia do oprimido.** 34. ed. Rio de Janeiro: Paz e Terra, 2002.

GALLUP, John L.; GAVIRIA, Alejandro; LORA, Eduardo. **Geografia é destino?** São Paulo: Fundação Editora Unesp, 2007.

LACOSTE, Yves. **A geografia:** isso serve em primeiro lugar para fazer a guerra. 7. ed. Campinas: Papirus, 1988.

MORAES, Antonio Carlos R. **Geografia:** pequena história crítica. 2. ed. São Paulo: Hucitec, 1983.

MOREIRA, Ruy. A identidade e a representação da diferença na geografia. In: _____. **Pensar e ser em geografia:** ensaios de história, epistemologia e ontologia do espaço geográfico. São Paulo: Contexto, 2007.

PEREIRA, Robson da S. **Geografia.** São Paulo: Blucher, 2012. (Coleção A reflexão e a prática no Ensino, v. 7).

PONTUSCHKA, Nídia N.; PAGANELLI, Tomoko I.; CACETE, Núria H. **Para ensinar e aprender geografia.** São Paulo: Cortez, 2007.

Sugestões de leitura

ANDRADE, Manuel C. de. **Caminhos e descaminhos da geografia.** 5. ed. Campinas: Papirus, 2002.

BRASIL. Ministério da Educação. Secretaria de Educação Básica. **Orientações curriculares para o Ensino Médio:** ciências humanas e suas tecnologias. Brasília, 2008.

_____. Ministério da Educação. Secretaria de Educação Média e Tecnológica. **Parâmetros Curriculares Nacionais:** Ensino Médio. Brasília, 1999.

CARLOS, Ana Fani A. (Org.). **Novos caminhos da geografia.** São Paulo: Contexto, 2002.

FILIZOLA, Roberto. **Didática da geografia:** proposições metodológicas e conteúdos entrelaçados com a avaliação. Curitiba: Base Editorial, 2009.

MENDONÇA, Francisco; KOZEL, Salete (Org.). **Elementos de epistemologia da geografia contemporânea.** Curitiba: Editora UFPR, 2004.

MOREIRA, Ruy. **Pensar e ser em geografia:** ensaios de história, epistemologia e ontologia do espaço geográfico. São Paulo: Contexto, 2007.

OLIVEIRA, Ariovaldo U. de (Org.). **Para onde vai o ensino de geografia?** 4. ed. São Paulo: Contexto, 1994.

PEREIRA, Robson da S. **Geografia.** São Paulo: Blucher, 2012. (Coleção A reflexão e a prática no Ensino, v. 7).

PONTUSCHKA, Nídia N.; PAGANELLI, Tomoko I.; CACETE, Núria H. **Para ensinar e aprender geografia.** São Paulo: Cortez, 2007.

REGO, Nelson; CASTROGIOVANNI, Antonio Carlos; KAERCHER, Nestor André (Org.). **Geografia:** práticas pedagógicas para o Ensino Médio. Porto Alegre: Artmed, 2007.

SANTOS, Milton. **Por uma geografia nova:** da crítica da geografia a uma geografia crítica. São Paulo: Edusp, 2002.

SORRE, Maximilien. **Geografia.** São Paulo: Ática, 1984.

TUAN, Yi-Fu. **Topofilia:** um estudo da percepção, atitudes e valores do ambiente. Londrina: Eduel, 2012.

Segunda parte: geopolítica, globalização e blocos econômicos

2

Geopolítica e a "nova" ordem mundial

Compreender a configuração do espaço mundial a partir de seus diversos aspectos é relevante para a aprendizagem de geografia. Ensinar a ler o mundo por meio de seus principais acontecimentos, de forma que se possa contribuir com seu desenvolvimento, é, a nosso ver, um importante papel da geografia a ser tratado no Ensino Médio.

Com a chamada nova ordem mundial, muitos analistas apontaram para uma nova perspectiva estratégica, que deu um novo rumo às ações geopolíticas dos Estados. Em períodos importantes da história, como se sabe, a correlação de forças entre os países era primeiramente militar, como ocorreu, por exemplo, na Guerra Fria e em inúmeros outros conflitos de maior ou menor vulto. Assim, as ações geopolíticas estavam voltadas sobretudo às questões militares na maior parte do século XX. Porém, de acordo com algumas teses, a partir da década de 1990, com a queda do Muro de Berlim e a dissolução da União Soviética, essa situação mudou. A partir desse período, as ações geopolíticas voltaram-se mais aos âmbitos econômico, político, cultural etc., do que para a correlação de forças apenas no campo militar.

Ao entrarem em contato com questões geopolíticas, os alunos podem analisar e entender de maneira mais apurada as relações entre a política, em amplos sentidos, e a geografia, pois, embora tenha sido pensada para ser um saber a serviço dos Estados, a geopolítica é também um instrumento à compreensão do mundo global. Tal entendimento se dá por meio das disputas de poder que restabelecem fronteiras – originando novos países e extin-

Contribuir: Por meio da aprendizagem da geografia, o aluno também poderá contribuir para a transformação da realidade. Nessa perspectiva, a máxima ecológica "pensar globalmente, agir localmente" se encaixa perfeitamente.

Ações geopolíticas: A geopolítica tem como preocupação essencial a correlação de forças entre os países. O alemão Friedrich Ratzel (1844-1904), já citado nesta obra (Capítulo 1), é uma importante referência à geografia política clássica. Autor de livros de grande vulto como *Antropogeografia: fundamentos da aplicação da geografia à história de 1882*, que, podemos dizer, inaugura um novo ramo da geografia voltado ao estudo da interação do homem com a natureza e apresenta também conceitos fundamentais à abordagem geopolítica, »»

»» e Geografia política de 1897, que expõe as preocupações do autor com os destinos da Alemanha enquanto Estado forte e solidamente unificado.

guindo outros –, dos diversos conflitos – de origem econômica, étnica, territorial –, dos desequilíbrios ambientais e de outros importantes acontecimentos contemporâneos.

Entender os acontecimentos de forma que se possa interpretar e explicar como funcionam e como são estabelecidas as relações econômicas, políticas, sociais e culturais na atualidade é muito importante no ensino de geografia no Ensino Médio. Desse modo, discutir as visões mais difundidas que tentam explicar como isso tudo funciona torna-se um grande desafio, ao mesmo tempo que pode ser também um momento de grande contribuição para que o saber geográfico ganhe sentidos mais amplos e faça, dessa ciência, motivo de aprendizagem mais significativa e prazerosa.

Com o intuito de contribuir para esse debate e associá-lo ao ensino escolar da geografia, vamos, neste e nos dois próximos capítulos, abordar os três temas a seguir: as teses que interpretam e discutem o mundo global, as formas mais difundidas de leitura da chamada globalização e seus significados, e os blocos econômicos internacionais.

2.1 AS INTERPRETAÇÕES DO MUNDO GLOBAL

Os alunos, ao perceberem os fenômenos que geram e desenvolvem a configuração global, podem entender melhor como é o mundo em que vivemos, assim como as possíveis formas de analisá-lo. Por essa razão, é importante saber que há diversas maneiras de interpretação do mundo global, sobretudo após as profundas transformações pelas quais as sociedades passaram depois do fim da União Soviética e, consequentemente, da Guerra Fria.

Neste capítulo, por meio da análise geopolítica do espaço geográfico, são abordadas quatro formas de interpretação do mundo global.

O mundo unipolar

Uma das visões difundidas relacionadas às interpretações do mundo global pós-Guerra Fria é a do mundo unipolar. Essa ideia consiste em afirmar que os Estados Unidos emergiram do mundo bipolar como a única superpotência mundial, já que seu oponente, que também detinha esse "título", já não existia mais. Na condição de única superpotência, os Estados Unidos passaram a exercer sua hegemonia econômica, entre outros fatores, por meio do controle do sistema financeiro internacional; do domínio de novas tecnologias militares, que permitiu a obtenção de um arsenal invejável; e da exportação, por diversos meios, de um modelo político e social que é exaustivamente anunciado. Assim, detendo o poder econômico, militar e cultural, permeados pela alta capacidade tecnológica e propagandística, o país foi galgado ao lugar de única superpotência.

Entre os argumentos que justificam tal posição, destacamos os seguintes:

Econômico

Ainda no pós-Segunda Guerra, os Estados Unidos criaram um plano que ficou conhecido como Plano Marshall, cujo objetivo era financiar a reconstrução de seus aliados na Europa. A Organização para a Cooperação Econômica Europeia, criada em 1948 para gerir o Plano Marshall e substituída, em 1960, pela Organização para a Cooperação e Desenvolvimento Econômico (OCDE), hoje formada por 34 membros, deu continuidade a seu projeto de liderança econômica que não é mais que o reflexo de seu poder econômico global. A superpotência possui o maior produto interno bruto (PIB) do mundo e conta com o peso do dólar – principal referência monetária – na economia mundial.

Militar

Trata-se de um país que assumiu a segurança ocidental contra a então União Soviética, ao propor a criação da Organização do Tratado do Atlântico Norte (Otan) e liderá-la. A Otan é uma aliança militar criada em 1949 com o objetivo de promover a defesa conjunta de seus Estados-membros que, hoje, somam 28 países, incluindo alguns que, no passado, fizeram parte do Pacto de Varsóvia, a aliança militar liderada pela União Soviética. Atualmente, a superioridade militar estadunidense é incontestável e conta com um poderoso arsenal nuclear.

A respeito das armas nucleares, é importante lembrar que o ataque realizado na Segunda Guerra Mundial, quando os Estados Unidos bombardearam o Japão, foi a única vez em que esse tipo de arma foi utilizado, fato que representou um recado à União Soviética. O recrudescimento das relações entre estadunidenses e soviéticos já se desenhava e traria uma nova perspectiva de configuração global, em que aspectos econômicos e políticos continuariam sendo decisivos, mas, naquele momento, destacavam-se os militares. A demonstração de força estadunidense contra o Japão revelou que aquele país já detinha a tecnologia nuclear.

Plano Marshall: O Plano Marshall foi proposto a vários países europeus no pós-guerra. A finalidade de emprestar dólares aos aliados afetados pela guerra não era o único objetivo. Face ao crescimento dos antagonismos entre as superpotências, os Estados Unidos objetivavam também barrar a influência soviética no continente. George Marshall, secretário de Estado do governo estadunidense, emprestou seu nome ao plano, já que foi seu idealizador.

Organização para a Cooperação e Desenvolvimento Econômico (OCDE): Ao relatar sua missão em sua página na internet, a OCDE afirma o seguinte: "A missão da Organização para a Cooperação Econômica e Desenvolvimento (OCDE) é promover políticas que melhorem o bem-estar econômico e social de pessoas em todo o mundo. A OCDE é um fórum em que os governos podem trabalhar juntos para compartilhar experiências e buscar soluções para problemas comuns [...]. Baseando-se em fatos e experiências da vida real, recomendamos políticas destinadas a melhorar a qualidade de vida das pessoas [...]. O fio condutor do nosso trabalho é um compromisso comum para economias de mercado apoiadas por instituições democráticas e voltadas para o bem--estar de todos os cidadãos [...]" (ORGANISATION FOR ECONOMIC CO-OPERATION AND DEVELOPMENT, 2015). »»

42 Geografia

»» Apesar dos objetivos que justificaram sua origem terem sido geopolíticos no contexto da Guerra Fria, sua proposta de atuação hoje está aparentemente atrelada à ideia de *soft power*, como veremos adiante.

Produto interno bruto (PIB): De acordo com o Banco Mundial, as dez maiores economias do mundo em trilhões de dólares são: EUA (16,8), China (9,24), Japão (4,9), Alemanha (3,63), França (2,73), Reino Unido (2,52), Brasil (2,24), Rússia (2,09), Itália (2,07) e Índia (1,87) (THE WORLD BANK, 2015). Analisando friamente esses números e apenas para efeito de comparação, percebe-se que são necessários uma China, um Japão e uma Alemanha ou um Japão, uma Alemanha, uma França, um Reino Unido e um Brasil para que as cifras se aproximem do PIB estadunidense.

No entanto, esse "monopólio" que os estadunidenses detinham não durou muito, já que a União Soviética apresentou sua bomba ao mundo em 1949.

A corrida armamentista do período da Guerra Fria levou as chamadas superpotências a construir "arsenais gigantescos, bastante superiores às necessidades estritas da dissuasão. O Reino Unido (1952), a França (1960) e a China (1964) vão juntar-se a eles nesse 'clube' das potências ocidentais" (BINIFACE; VÉDRINE, 2009, p. 53). Mesmo com a adesão de 189 países ao Tratado de Não Proliferação de Armas Nucleares (TNP), em vigor a partir de 1970 com o objetivo de barrar o aumento da construção de ogivas por parte dos países que as possuem e impedir que outros as obtenham. Índia, Paquistão e Israel, que não reconhecem o TNP, e a Coreia do Norte, inicialmente signatária do Tratado (retirou-se em 2003), também desenvolveram seus respectivos programas nucleares.

Sob a perspectiva da tese do mundo unipolar, os Estados Unidos desenvolvem uma estratégia militar a fim de evitar a emergência de países considerados hostis ou inimigos, mas que, principalmente, sejam capazes de se contrapor a sua superioridade bélica. Como exemplo, podemos destacar o discurso do ex-presidente George W. Bush que, ao buscar apoio ao que seu governo chamou de "Guerra ao Terror", criou a expressão "Eixo do Mal", no qual foram incluídos países como a Coreia do Norte, o Irã e o Iraque. Segundo Bush e seus aliados, esses Estados apoiariam o terrorismo e objetivariam o desenvolvimento de programas nucleares, representando assim uma ameaça ao mundo.

A seguir, expomos um fragmento do discurso de Bush, realizado em janeiro de 2002, durante a cerimônia do "Discurso sobre o Estado da União". Trata-se de um pronunciamento anual ao Congresso do país em que o presidente, entre outros assuntos, analisa a conjuntura e apresenta propostas de seu governo.

> *[...] Nosso segundo objetivo é impedir que regimes que patrocinam o terror ameacem a América ou nossos amigos e aliados com armas de destruição em massa. Alguns desses regimes têm estado bastante discretos desde 11 de setembro. Mas nós conhecemos sua verdadeira natureza. A Coreia do Norte é um regime que se arma com mísseis e armas de destruição em massa enquanto deixa seus cidadãos passarem fome.*

O Irã agressivamente busca essas armas e exporta o terror, enquanto poucos não eleitos reprimem a esperança de liberdade do povo iraniano. O Iraque continua a exibir sua hostilidade em relação à América e a apoiar o terror. O regime iraquiano trama o desenvolvimento de antraz, gás nervoso e armas nucleares há mais de uma década. Esse é um regime que já usou gás venenoso para assassinar milhares de seus próprios cidadãos – deixando os corpos de mulheres sobre o de seus filhos mortos. Esse é um regime que concordou com as inspeções internacionais – e então expulsou os inspetores. Esse é um regime que tem algo a esconder do mundo civilizado.

Estados como esses, e seus aliados terroristas, constituem o Eixo do Mal, armando para ameaçar a paz do mundo. Ao buscar armas de destruição em massa, esses regimes representam um perigo sério e crescente. Eles poderiam fornecer essas armas a terroristas, dando a eles o meio correspondente ao seu ódio. Eles poderiam atacar nossos aliados ou tentar chantagear os Estados Unidos. Em qualquer um desses casos, o preço da indiferença seria catastrófico [...].

(CONFIRA..., 2014)

Em 2003, como é sabido, os Estados Unidos, sem aprovação da ONU, invadiram o Iraque. Nessa invasão nada foi encontrado em relação às chamadas armas de destruição em massa. Os efeitos das ações estadunidenses no Iraque e no Afeganistão são conhecidos por todos.

Cultural

Houve a difusão do estilo de vida dos EUA e de diversos aspectos de sua cultura (vestimenta, alimentação, música, língua etc.), sobretudo por meio da propagação de seu cinema, da ação política e da influência intelectual. Trata-se da implementação do chamado *soft power*, quando o importante não é mais exterminar o inimigo, mas sim conquistá-lo ideologicamente para que passe a ser um novo aliado em várias esferas, principalmente no mercado global.

O mundo multipolar

Outra visão bastante difundida, inclusive nas escolas, nas aulas de geografia, pelos idos dos anos de 1990, foi a do mundo multipolar.

> **Soft power:** É uma forma mais bem elaborada de convencimento e influência duradoura sobre seus possíveis oponentes. São utilizados meios de controle que sejam mais sutis e, portanto, considerados não violentos. O termo foi cunhado em 1990 pelo professor Joseph Nye, cientista político estadunidense.

Esse ponto de vista defende que, com o fim da Guerra Fria, a despeito do poderio econômico e militar dos Estados Unidos, o mundo passou a ser multipolar. Os interesses centrais em um mundo global não seriam mais aqueles relacionados à corrida armamentista, como ocorria durante a Guerra Fria, mas sim os relativos às disputas econômicas. Nesse aspecto, os Estados Unidos não possuíam a primazia absoluta, pois tinham uma concorrência de dois grandes polos representados pelos países europeus ocidentais e pelo Japão. Nessa nova perspectiva multipolar, fundamentada mais nos aspectos geoeconômicos – que substituem os militares, agora vistos como desperdício de recursos –, seus atores principais cooperam e também concorrem entre si.

Com três polos ou centros de decisão bem delimitados, a tese do mundo multipolar é apresentada por volta de 1990: uma zona sob a liderança dos Estados Unidos, que compreende o continente americano; outra com a liderança da Europa ocidental, que envolve o Leste Europeu e a África; mais uma com o Japão abrangendo a Bacia do Pacífico. A Tríade, como também é chamado esse conjunto, acirrou a luta por mercados, o que, de acordo com essa tese, revela uma disputa pela supremacia econômica global. Hoje, um dos reflexos dessa conjuntura pode ser observado na competição entre os padrões monetários europeu e estadunidense.

Ao analisar o papel da Tríade na conjuntura econômica da globalização, Santos argumenta:

> As potências centrais (Estados Unidos, Europa, Japão), apesar das divergências pela competição quanto ao mercado global, têm interesses comuns que as incitarão a buscar adaptar suas regras de convivência à pretensão de manter a hegemonia. Como, todavia, a globalização atual é um período de crise permanente, a renovação do papel hegemônico da Tríade levará a maiores sacrifícios para o resto da comunidade das nações, incentivando, assim, nestas, a busca de outras soluções. (2003, p. 153)

É nesse contexto, em que a busca por novas soluções pode ser uma saída, que o chamado mundo multipolar ganha novos protagonistas.

No pós-Guerra Fria, é apontada a existência de outros possíveis polos que ainda são vistos como incertos quanto a seu papel no novo cenário. Entre os quais, também chamados zonas indefinidas ou de transição, encontra-se a Comunidade de Estados Independentes (CEI), uma tentativa de seus fundadores (Rússia,

Comunidade de Estados Independentes (CEI): A CEI foi fundada em 1991 para manter relações econômicas e de segurança entre os países-membros da ex-União Soviética quando estes se tornaram independentes. Em razão dos conflitos étnicos que ocorrem dentro da comunidade e da recente crise envolvendo a Rússia e a Ucrânia, em que a primeira anexou a península da Crimeia, então território ucraniano, o futuro da CEI é bastante incerto. Atualmente conta com onze membros.

Ucrânia e Belarus) de manter certa unidade entre os países que formavam a antiga União Soviética. Embora seja formada por remanescentes e reúna a maioria dos países que pertenceram à superpotência, a CEI é vista, no espectro capitalista, como semiperiferia.

Outra região característica dessa ordem multipolar e que guarda muitas particularidades é o Oriente Médio, que pode ser visto como campo para um potencial bloco de países de orientação islâmica. Descolada dos grandes centros de decisão, relaciona-se com estes sobretudo por causa do petróleo, abundante na região. Objeto de cobiça, principalmente pelo Ocidente, o petróleo, por um lado, pode representar a redenção, uma vez que ainda é a principal matriz energética do mundo e, por isso, fonte de riqueza para a região; por outro lado, entretanto, esse recurso pode significar a fragmentação total do Oriente Médio. A Guerra do Golfo (1991) e a Guerra do Iraque (2003) são exemplos de conflitos gerados por causa do petróleo que não nos deixam mentir. Em virtude de sérios conflitos regionais e da ausência de um Estado que seja reconhecido como líder, já que os principais protagonistas competem entre si, a constituição de um polo envolvendo a comunidade islâmica também é incerto.

Recentemente, conflitos regionais se intensificaram, especialmente após as desastrosas intervenções dos Estados Unidos e de seus aliados iniciadas com o programa "Guerra ao Terror".

Na Síria, onde uma guerra civil se arrasta há mais de quatro anos, emergiu com força o grupo conhecido com Estado Islâmico, também chamado Estado Islâmico do Iraque e da Síria, ou simplesmente ISIS (sigla em inglês de *Islamic State in Iraq and Syria*). O objetivo desse grupo é o controle das regiões de maioria islâmica e a fundação de um califado. É visto como um grupo terrorista por países como Estados Unidos, Reino Unido e Arábia Saudita.

Em relação aos conflitos no Oriente Médio, o de maior evidência continua sendo o drama do povo palestino em busca da recuperação de seus territórios perdidos para Israel ao longo das últimas seis décadas. Yasser Arafat conduziu, durante muito tempo, a luta desse povo pela libertação, tornando-se seu maior líder.

As contradições que expressam os motivos dessa luta, que parece interminável, são objetivamente resumidas e descritas por Massoulié:

Guerra do Iraque (2003): O governo dos Estados Unidos não reconhece que o motivo da invasão do Iraque seja esse, como se pode constatar no discurso do então presidente George W. Bush.

Desastrosas: A invasão do Iraque ocorrida em 2003, por exemplo, deixou, em oito anos de conflitos, entre 133.496 e 150.513 civis mortos. Caso sejam acrescentados os combatentes, esse número sobe para um total 202 mil mortes violentas (IRAQ BODY COUNT, 2015).

Califado: Palavra utilizada para identificar os territórios controlados pelos muçulmanos entre os anos 632 e 1258. Os líderes islâmicos legatários de Maomé recebiam o título de "califa", que significa "sucessor".

Yasser Arafat: Yasser Arafat (1929-2004) foi o líder da Autoridade Palestina, da Organização para a Libertação da Palestina (OLP) e da Al-Fatah, a principal tendência política da OLP. Ganhou o prêmio Nobel da Paz em 1994 com Shimon Peres (1923-) e Yitzhak Rabin (ver comentário mais adiante), líderes israelenses. Arafat foi incansável defensor de seu povo em seu direito a ter seu território independente.

> *Paradoxo trágico e ambivalência do sionismo: planejado no Ocidente como libertação da opressão antissemita, ele se realizará no Oriente como uma empreitada colonialista. Para além de todas as justificativas e de todos os erros cometidos de ambas as partes, para os povos do Oriente Médio o conflito se resume a este dado fundamental: a ocupação efetiva, simbólica e política por um grupo humano de um território já habitado por outro grupo humano. (1994, p. 47)*

Além das "zonas indefinidas", como vimos nos exemplos anteriores, há países localizados em regiões muito distintas umas das outras que, longe de constituírem um bloco econômico, vêm há algum tempo apresentando motivos reais para que analistas como Jim O'Neill, chefe de pesquisa econômica global do grupo financeiro Goldman Sachs, fizesse, com sua equipe, prognósticos que há décadas seriam impensáveis para quatro países, hoje chamados emergentes.

> **Estudo:** O estudo em questão tem como título *Building better global economic BRICs* (O'NEILL, 2001).

Em 2001, a equipe de O'Neill divulgou um estudo que corrobora a visão multipolar do globo e a amplia, ao reconhecer que há possibilidade de as principais economias consideradas emergentes, em um futuro próximo, competirem em condição de igualdade com as economias dos países centrais. O texto sustenta que o desenvolvimento econômico dos países do chamado BRIC – Brasil, Rússia, Índia e China – é capaz de constituir certo enfrentamento ao mais tradicional núcleo de poder econômico global, representado pelo G7. Caso a continuidade de crescimento relativo esperado dos países do BRIC continuasse como no período analisado pelo estudo, a participação das economias europeias entre as principais do mundo seria ofuscada.

> **G7:** Cúpula que reúne os sete países mais industrializados e economicamente mais desenvolvidos do mundo: EUA, Japão, Alemanha, França, Reino Unido, Itália e Canadá. Entre 1998 e 2014, a Rússia fez parte do grupo, período em que ficou conhecido como G8.

Em 2011, a África do Sul passou a incorporar o grupo que, desde então, é chamado BRICS, com um "S" para representar a África do Sul (*South Africa*, em inglês). De acordo com o Banco Mundial, a economia somada do BRICS é de US$ 15,79 trilhões de dólares e representa 18% do PIB mundial, ainda distante da soma do G7, que atinge US$ 32,65 trilhões, ou 37,21% da soma mundial. No entanto, segundo projeções, a soma do PIB do BRICS, impulsionada principalmente pela China, deve superar a do G7 em 2035, convertendo seu crescente poder econômico em maior influência geopolítica.

> *[...] Mais do que uma sigla que identificava países ascendentes na ordem econômica internacional, o BRICS tornou-se uma nova e promissora entidade político-diplomática, bastante*

distinta do conceito original formulado para o mercado financeiro [...]. Nesse período, o BRICS evoluiu de modo incremental, em áreas de consenso entre seus membros, tendo sido possível reforçar seus dois pilares principais: (i) a coordenação em foros multilaterais, com ênfase na governança econômica e política; e (ii) a cooperação entre seus membros [...].

No que diz respeito à cooperação intra-BRICS, que vem ganhando densidade cada vez maior, construiu-se uma agenda abrangente que encampa áreas como finanças, agricultura, economia e comércio, combate a crimes transnacionais, ciência e tecnologia, saúde, educação, instâncias empresariais e acadêmicas, segurança, entre outras.

Nesse contexto, destaca-se o setor financeiro, que é uma nova frente de cooperação. Na VI Cúpula do BRICS foi criado o Novo Banco de Desenvolvimento, voltado ao financiamento de projetos de infraestrutura e desenvolvimento sustentável nos BRICS e em outros países em desenvolvimento. A nova instituição financeira contará, inicialmente, com capital inicial subscrito de US$ 50 bilhões [...]. (BRASIL, 2014)

Somados, os territórios do BRICS abrangem aproximadamente 26% da área terrestre do planeta e 46% da população mundial.

A Tríade e o G7, que de certa forma se assemelham, mais o BRICS e as "zonas indefinidas" configuram o que convém chamar, portanto, mundo multipolar.

O fim da história

A terceira interpretação do mundo global, postulada pelo economista estadunidense Francis Fukuyama, bastante difundida e controversa, baseia-se em um artigo intitulado "O fim da história", publicado em 1989, ano da derrubada do Muro de Berlim e da evidência da crise do chamado socialismo real, que se confirmou com o fim da União Soviética dois anos depois.

Passados três anos, o referido artigo foi transformado em livro. Em síntese, sua tese afirma que estaríamos iniciando um período em que a democracia liberal, "o fenômeno macropolítico mais notável dos últimos quatrocentos anos" (FUKUYAMA, 1992, p. 81), seria o último estágio da evolução econômica e, por isso, o único caminho viável para a sociedade contemporânea, em especial para países considerados mais desenvolvidos e com um processo de industrialização já consolidado. Sustenta que a

48 Geografia

razão do não desenvolvimento de alguns locais é porque o capitalismo nunca foi tentado seriamente.

De acordo com essa teoria, com a vitória dos ideais liberais em um período que foi sinônimo de conflitos, a humanidade estaria a caminho do que pode ser chamado comunidade global. Quando a liberalização econômica superar os obstáculos que ainda existem em outras partes do mundo, vão estar acompanhadas do desenvolvimento da democracia e da igualdade de oportunidades para todos, como ocorre, segundo Fukuyama, nas economias mais avançadas.

> **Conflitos:** Aqui consideramos importante apresentar aos alunos exemplos de conflitos que ocorreram durante a Guerra Fria, explicando seus motivos e desfechos, como a Guerra do Vietnã, a Crise dos Mísseis etc.

Porém, para as transformações resultantes do fim da Guerra Fria acontecerem em outras regiões do mundo e não somente no Leste Europeu, seria necessário romper com as práticas que impedem a verdadeira aplicação da democracia liberal, como o fim da economia planificada (já em crise naquele período). Também seria preciso abandonar o clientelismo político, muito comum em países da América Latina, onde é habitual o Estado favorecer os interesses econômicos das classes superiores, e o fundamentalismo, ainda fortemente presente em certas partes do globo, mas em especial em países em que o islamismo conseguiu constituir-se "com um código próprio de moralidade e uma doutrina de justiça social e política" (FUKUYAMA, 1992, p. 76), tornando-se uma barreira à democratização.

Ainda sobre a democracia liberal, a chamada globalização se fortaleceria por meio dos progressos técnicos que diminuem as distâncias e o tempo nas comunicações, tornando-a acessível a todos com a difusão da internet, que permite acesso instantâneo e ilimitado às informações. Logo, a democracia e a prosperidade seriam muito mais propagadas.

Com o artigo "O fim da história", Fukuyama não quer dizer, evidentemente, que os acontecimentos – de ordem econômica, militar, política ou cultural – acabaram, mas sim que a humanidade teria atingido seu ápice. Por meio do modelo da democracia liberal, todos aqueles submetidos a ela e em países com condições para tal teriam uma vida melhor garantida. Conforme atesta:

> *No tempo dos nossos avós, muitas pessoas sensatas podiam prever um futuro socialista luminoso no qual teriam sido abolidos a propriedade privada e o capitalismo e no qual a própria política seria uma coisa ultrapassada. Hoje, ao contrário, mal podemos imaginar um mundo radicalmente melhor do*

*que o nosso ou um futuro que não seja essencialmente capita-
lista e democrático.*

[...]

*Se chegamos hoje a um ponto em que não podemos imagi-
nar um mundo essencialmente diferente do nosso, no qual
não existe nenhuma perspectiva visível ou óbvia de que o
futuro representará uma melhora fundamental da ordem
atual, então devemos tomar também em consideração a possibilidade de que a própria História tenha chegado ao fim.
(FUKUYAMA, 1992, p. 77, 82)*

Como "condição final", o destino da democracia liberal
seria espalhar-se pelo mundo, já que os embates oriundos das
ideias expansionistas de alguns Estados cairiam por terra. O
uso da força de um Estado para subjugar outro perderia o sentido, pois certa uniformidade alcançaria a todos por meio da
disseminação do mercado livre e da universalização da democracia liberal.

*No fim da história, a democracia liberal não tem mais nenhum
competidor ideológico importante. No passado, a democracia
liberal foi rejeitada porque todos acreditavam que era inferior à monarquia, à aristocracia, à teocracia, ao fascismo, ao
totalitarismo comunista, ou a qualquer outra ideologia. Mas
agora, fora do mundo islâmico, parece haver um consenso
geral que aceita a afirmação da democracia liberal de que é a
forma mais racional de governo, isto é, o Estado que realiza
com maior perfeição o desejo racional ou o reconhecimento
racional. (FUKUYAMA, 1992, p. 259-260).*

Percebemos que essa tese implica outra visão geoeconômica e
geopolítica em virtude da ideia de que a predominância da civilização ocidental, por meio de seu modelo de sociedade, é, metaforicamente, o fim da história.

O choque de civilizações

A partir das afirmações de Fukuyama, podemos questionar:
o mundo está vivendo ou conseguindo construir a plenitude da
democracia? Estaríamos realmente a caminho de uma civilização
universal? Não é o que pensam outros analistas, como Samuel
Huntington. Sua tese foi apresentada em um artigo publicado em

Civilização: O conceito de civilização (no singular) surgido no século XVIII sugere a noção de que a civilização estaria baseada em determinada organização econômica, política e social compartilhada por certo número de sociedades, excluindo aquelas que não se encaixariam no modelo civilizatório considerado. Contrapondo-se a essa ideia, o conceito de civilizações (no plural) considera a existência de várias formas de organização dos mais distintos povos e culturas existentes no planeta, não reconhecendo, portanto, a visão que propaga a existência de apenas uma civilização.

1993, mas em virtude da repercussão internacional que suscitou também foi publicado em livro.

Esse autor, que contesta a ideia do fim da história e considera ingênuos os que acreditam nela, apresenta a tese do "choque de civilizações". Huntington aponta para a perspectiva do acirramento dos conflitos internacionais sobretudo pelas diferenças culturais que envolvem as civilizações no cenário mundial atual, e não mais pelo predomínio da ordem econômica ou política.

Os argumentos de que algum tipo de civilização universal está emergindo se baseiam em uma ou mais pressuposições sobre por que deve ser assim. Inicialmente, existe a pressuposição de que o desmoronamento do comunismo soviético significou o fim da História e a vitória universal da democracia liberal no mundo todo. Esta colocação padece da Falácia da Alternativa Única. Ela tem suas raízes na perspectiva da Guerra Fria de que a única alternativa para o comunismo é a democracia liberal, e que o fracasso do primeiro produz a universalidade da segunda. (HUNTINGTON, 2010, p. 101)

Na ordem mundial pós-Guerra Fria, os Estados tenderiam a aliar-se e cooperar com outros Estados, que se assemelhariam a eles em termos civilizacionais. O contrário ocorreria em relação aos que possuam culturas distintas.

Segundo Huntington (2010), podem ser identificadas pelo menos oito civilizações contemporâneas principais:

- *Sínica*: com existência datada de 1500 a.C., refere-se a uma cultura comum na China e em outras comunidades chinesas do Sudeste Asiático. Também é encontrada no Vietnã e na Península da Coreia.

- *Japonesa*: civilização distinta da chinesa, embora fruto desta; teria emergido entre 100 e 400 d.C.

- *Hindu*: desde pelo menos 1500 a.C., está presente sobretudo na Índia.

- *Islâmica*: originária da Península Arábica no século VII d.C., espalhou-se pelo norte da África, pela Península Ibérica (onde perdeu força, mas deixou marcas importantes), pela Península Balcânica, pela Ásia Central, pelo Subcontinente Indiano e pelo Sudeste Asiático. Por estar presente em um extenso território, envolve distintas culturas, como árabe, turca, persa e malaia.

- *Ortodoxa*: distinta do Ocidente por diversos motivos, entre os quais estão a ascendência bizantina, a religião diferente e a exposição limitada ao Renascimento, ao Iluminismo e a outras experiências fundamentais do Ocidente.

- *Ocidental*: surgida por volta de 700 ou 800 d.C. De forma geral, é vista como tendo três componentes principais: a Europa ocidental, a América anglo-saxônica e a América Latina. Esta última é apontada pelo autor como exemplo de outra civilização por reunir características muito específicas em alguns Estados, como veremos a seguir. Ainda na civilização Ocidental cabem a Austrália e a Nova Zelândia.

- *Latino-americana*: apesar de ser vista como produto da civilização europeia, apresenta algumas singularidades, como ser predominantemente católica e incorporar significativos aspectos de culturas indígenas, principalmente em países da América Central continental, no México, no Peru e na Bolívia.

- *Africana*: por estar em uma região que possui elementos culturais bastante diversos, originários do próprio continente e mesclados com europeus, não é vista por muitos estudiosos como uma civilização distinta. Huntington a vê como uma possibilidade e coloca a África do Sul como seu Estado-núcleo.

As civilizações *budista* e *turca* são apresentadas pelo autor no mapa intitulado "O mundo das civilizações". No entanto, são vistas como secundárias.

A Turquia, embora seja um país que apresente características de uma civilização à parte, aparece no mapa a seguir como parte da civilização Islâmica, em função da maciça predominância do Islamismo como religião dos turcos.

52 Geografia

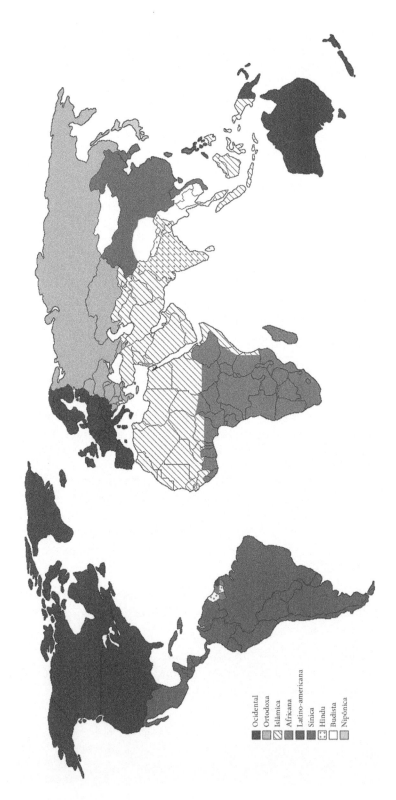

Figura 2.1 – O mundo das civilizações.

A esperada harmonia postulada pelo "fim da história" cairia por terra em virtude da multiplicação de conflitos étnicos, especialmente aqueles envolvendo as ex-repúblicas soviéticas e no Leste Europeu e as ex-repúblicas iugoslavas. Outra evidência de que a nova ordem parecia caminhar para uma nova (des)ordem foi o fracasso dos acordos de paz entre palestinos e Estado de Israel após o assassinato de Yitzhak Rabin, em 1995. Ainda no início dos anos 2000, a tensão internacional aumentou com a eleição de George W. Bush à presidência dos Estados Unidos, que adotou uma política beligerante. Entre outras ações, o governo estadunidense invadiu o Afeganistão, cunhou o chamado Eixo do Mal e invadiu o Iraque após o ataque às Torres Gêmeas de Nova York e ao Pentágono em Washington D.C. Desse modo, Huntington afirma que "o paradigma de um só mundo harmônico está claramente divorciado demais da realidade para ser um guia útil no mundo pós-Guerra Fria" (2010, p. 38).

As teses apresentadas aqui, embora mostrem certas limitações, por um lado, contribuem e permitem que se analise a realidade de uma perspectiva diferente e, por outro, podem contribuir significativamente para a ocorrência de um amplo debate dentro e fora das aulas de geografia. Quem está com a razão? Quais interesses e afinidades estão em jogo? É importante lembrar também que há outras formas de interpretar a realidade, como, por exemplo, a que afirma haver uma falência dos Estados.

Enfim, por meio dessas distintas formas de ler e analisar o mundo global, cremos que em nossas aulas de geografia voltadas ao Ensino Médio as discussões podem ganhar uma dinâmica que levem os alunos e querer compreender cada vez mais e melhor o mundo do qual fazem parte.

> **Yitzhak Rabin:** Yitzhak Rabin (1922-1995) foi primeiro-ministro de Israel em duas ocasiões: 1974-1977 e 1992-1995. Em seu segundo mandato, dois acordos históricos foram assinados: (1) os Acordos de Oslo, assinados com a OLP, na Casa Branca, em 1993, que abriria caminho para a autonomia palestina na Faixa de Gaza e em territórios na Judeia e na Samaria, e criaria uma Autoridade Palestina; (2) os Tratados de Paz com a Jordânia, em 1994. Em 1995, após participar de um comício em favor da paz, foi assassinado por um extremista judeu. Com Yasser Arafat e Shimon Peres, seu então ministro das Relações Exteriores, ganhou o Prêmio Nobel da Paz em 1994.

2.2 COM OS ALUNOS

A análise do espaço com os alunos deve ser feita com responsabilidade e crítica. Com responsabilidade, porque não se pode, por exemplo, defender cegamente um ponto de vista sem a devida avaliação dos aspectos que norteiam um ideário. A crítica deve estar presente porque é necessário fazer o exame minucioso dos acontecimentos e, se pertinente, a revisão e a reconstrução dos conceitos emitidos sobre eles.

Em uma aula de geografia que aborde uma ou mais interpretações do mundo global, por exemplo, entendemos ser fundamental que os alunos analisem, interpretem e critiquem os acontecimentos. Devem perceber o quanto é importante saber descrevê-los com segurança e propor alternativas para resoluções –, enfim, os alunos devem caminhar com "os próprios pés". Compreendemos também que nosso papel é favorecer a construção da autonomia dos alunos, contribuindo com a desconstrução de ideias apresentadas como corretas de forma não crítica e revendo o que aparentemente é dado como normal. Portanto, a análise da realidade local, nacional ou global exige, além dos pressupostos apresentados, uma abordagem que abarque distintos pontos de vista.

A seguir, discutimos aspectos das teses tratadas neste capítulo e propomos formas de abordagem para o desenvolvimento do tema em aula com os alunos.

A tese do mundo unipolar é tão difundida quanto contestada. Sobre sua difusão, podemos observar o discurso de George W. Bush, quando era presidente dos EUA, que apontou algumas nações como inimigas do Ocidente, rotulando-as como parte do que considerou "Eixo do Mal" e incitando a ideia de "Guerra ao Terror" como forma de proteção. Percebemos que se tratam de construções estrategicamente pensadas a fim de defender determinados interesses e justificar certas ações. No entanto, podemos dizer, não foi exatamente isso que aparentou quando veiculado pelos meios de comunicação de massa.

Pensemos, por exemplo, nos alunos na frente da TV, em 2002, vendo a notícia sobre esse discurso. Não é difícil imaginar que, em relação ao senso comum, pouca ou nenhuma crítica acompanhou tal inserção, tanto para quem apresentava a notícia (salvo algumas exceções) quanto para quem a ouvia. Podemos destacar três pontos. Primeiro, os ataques aos Estados Unidos, atribuídos à Al Qaeda, tinham ocorrido há apenas quatro meses, de modo que a maioria das pessoas dentro e fora daquele país ainda estava perplexa com o terrível acontecimento. Segundo, essa situação de comoção, carregada de consternação e lamentação, exigia um posicionamento mais firme do presidente ou, pelo menos, uma reação frente a tal situação. Em tese, as circunstâncias tornariam as coisas mais fáceis ou, dependendo do ponto de vista, menos difíceis ao presidente, pois, seu discurso, repleto de acusações sem provas ou evidências contra tais países, resultou em apoio de parcela significativa da sociedade, bastante indignada naquele momento. Terceiro ponto, termos como "terror", "destruição em massa", "gás venenoso", "regime que tem algo a esconder", "ódio", entre outros, não foram ditos por acaso. Veiculadas de modo amplo e repetido pelos meios de comunicação, essas expressões transformaram em uma espécie de obsessão a necessidade de uma resposta que, no caso, já estava pensada e tinha uma finalidade clara no caso do Iraque: o controle de seu petróleo. Vemos nisso a principal contestação desse acontecimento histórico, que evidenciou o poder e a ação unilateral dos Estados Unidos.

> **Apoio:** É importante lembrar que Bush não gozava de grande apoio popular, ao contrário, sua eleição fora bastante contestada e o início de seu governo, relativamente conturbado. Porém, em um momento como aquele, o problema maior evidentemente passava a ser outro.

Com os alunos, devemos discutir por que os Estados Unidos invadiram o Iraque – um antigo aliado, diga-se de passagem –, estimulando-os a buscar informações a respeito. Para tal empreitada, é fundamental o apoio de expedientes que ofereçam variados pontos de vista, inclusive o presente neste livro, a fim de que a pluralidade de ideias permeie a aula.

> **Ação unilateral:** É certo que o Reino Unido e outros poucos países apoiaram a invasão ao Iraque, mas a liderança incontestável desse feito cabe somente aos Estados Unidos.

O Iraque é um dos países que mais possuem petróleo no mundo. Embora a invasão tenha sido iniciada em 2003, a Guerra do Iraque, como ficou conhecida, é atual, pois produziu efeitos catastróficos àquele país, que hoje está fragmentado, sem rumo definido e vivendo em permanente estado de conflito. As consequências dessa guerra, portanto, estão em evidência até os dias atuais, já que mais de 200 mil pessoas podem ter morrido e milhares continuam a morrer.

> **Iraque:** De acordo com a Organização dos Países Exportadores de Petróleo (OPEP), o Iraque possui atualmente 12% das reservas mundiais comprovadas (ORGANIZATION OF THE PETROLEUM EXPORTING COUNTRIES, 2015).

Para nós e os alunos, é importante perceber que uma grave crise humanitária foi instalada em diversas regiões do Iraque e, posteriormente, do Oriente Médio em função de conflitos armados. Podemos observar que, aos poucos, a cobertura da imprensa se arrefeceu ou que, quando há cobertura "jornalística", tentam passar a ideia de que o Iraque é um território onde impera o caos. Não se discute a raiz da questão. Com as notícias que chegam a nosso conhecimento, podemos fazer um exercício para saber como está a influência da mídia nos alunos, questionando-os sobre o que vem à cabeça deles quando ouvem falar em certas regiões, como Oriente Médio, Europa, África, e certos países, como Iraque, Estados Unidos, Síria, ou em culturas como a árabe, a japonesa ou a judaica. Seria bem interessante ouvir os argumentos deles.

Entendemos que um dos grandes desafios de nossas aulas é poder demostrar que, se uma criança morre de fome em algum lugar do mundo, se um bairro é bombardeado durante um conflito entre grupos armados, inclusive por exércitos oficiais, e se disso decorrem mortes e sofrimento, é um problema da humanidade e, portanto, também é nosso, ainda que estejamos a milhares de quilômetros de distância desses acontecimentos. É importante contradizer a lógica do individualismo extremado. Desse modo, é fundamental que a solidariedade seja despertada quando se estuda esse tipo de tema.

É possível debater com os alunos reflexões como: em que consistiria então a "Guerra ao Terror"? O que significaria terror nesse caso? Por que um país descumpre uma decisão da ONU e age praticamente sozinho, como nesse caso em que as coisas "ficaram por isso mesmo"? Seria a evidência final de que a tese do mundo unipolar está certa? Ninguém pode conter os Estados Unidos e seus aliados mais próximos, como o Reino Unido, quando estão juntos?

Documentário:

O documentário *Fahrenheit 9/11*, dirigido pelo cineasta estadunidense Michael Moore (2004), a nosso ver, é um excelente recurso para uma aula que queira debater a tese de unipolaridade no mundo contemporâneo.

O cineasta estadunidense Michael Moore produziu e dirigiu um documentário, em 2004, em que aborda questões relativas aos ataques que seu país sofreu em setembro de 2001 e à posterior invasão do Iraque, em 2003. Ácido, questiona as atitudes do então presidente George W. Bush, colocando em xeque seu comportamento na condução do país e pondo sob suspeita certas relações políticas de Bush e seu governo. Contesta também a ação militar estadunidense contra um país que, segundo ele, nunca atacou nem representou perigo aos Estados Unidos.

Joseph Nye, cientista político estadunidense, denomina *hard power* uma ação baseada em fatores militares e econômicos que tem como finalidade gerar constrangimento e coerção, como a que ocorreu em 2003 contra o Iraque. Em contraposição, no *soft power*, termo cunhado pelo mesmo cientista, um Estado ou grupo econômico/político influencia indiretamente o comportamento ou os interesses de outros grupos ou Estados por meios culturais e/ou ideológicos. É a respeito da influência mais sutil, o *soft power*, que suscita a adesão e/ou aliança espontânea a um ideário, que pode ser bem interessante desenvolver algumas atividades com os alunos durante a aula. É possível tentar levá-los a entender a presença significativa que tem a maior potência mundial no cotidiano das pessoas em outras partes do mundo.

Na escola, ao fazer uma rápida observação das roupas que todos estão usando – caso o uniforme escolar não seja uma exigência –, é provável que apresentem algum tipo de inscrição que, muito provavelmente, vai estar em inglês. Seria interessante questionar os alunos sobre por que usar frases e nomes em inglês é tão comum em um país onde se fala português. Ao estabelecer o debate, devemos fugir de clichês como o que vai afirmar que o inglês é a língua universal e que, por essa razão, está presente em tudo. Aprofundar a discussão, buscando os verdadeiros sentidos de algo que aparentemente é tolo, é essencial para a construção de uma visão crítica e transformadora. Um bom exercício a ser feito com os alunos de maneira descontraída é solicitar que façam a tradução do que está escrito nas roupas que estão usando. Quantos souberam fazê-la? Por quê? A ideia também pode ser aplicada com os que estiverem usando roupas com inscrições de bandas ou cantores internacionais, o que maciçamente também vai estar em inglês. Pode ser interessante falar sobre os gostos musicais, mas com a finalidade de se entender o porquê de gostar de tais cantores, o que nos levou a conhecê-los, como surgiu o contato com a arte deles etc.

Também é possível discutir o tema com uma das seguintes questões ou com todas elas: por que usamos *shopping centers* e não centros comerciais ou de compras? Qual é o nome do presidente dos Estados Unidos? Em relação a essa pergunta, podemos comparar a quantidade de respostas corretas com as respostas sobre qual o nome do presidente da França ou do primeiro-ministro do Japão, por exemplo. O mesmo exercício pode ser feito em relação a nomes de atores, atrizes e/ou de filmes originários dos Estados Unidos.

Pensamos que com atividades como essas podemos demonstrar como é sutil o *soft power* e como penetra em nossa vida, sendo uma forma de abrir a discussão responsável/crítica sobre a tese do mundo unipolar. O objetivo, evidentemente, não é fazer dessas atividades trampolim para "falar mal" dos Estados Unidos. Afinal, essa atitude não faria sentido, principalmente em uma aula. É sempre importante lembrar que não há razão para atacar uma cultura ou um aspecto dela sem fundamento, mas sim perceber e entender por que determinadas situações, muitas delas corriqueiras, são da maneira como são, sendo aceitas como naturais.

Embora a ideia da existência de um mundo multipolar tenha surgido com o fim da Guerra Fria, no início da década de 1990, com a chamada Tríade, atualmente tal concepção envolve muitos outros atores que passaram, cada qual a seu modo, a atuar, podemos dizer, no destino da humanidade. Por essa razão afirmamos que a tese do mundo multipolar é difusa.

Quem são esses atores e por que surgiram? Como é sabido, é com a distensão da ordem militarizada da Guerra Fria que a chamada Tríade – Estados Unidos, Europa ocidental e Japão – ficou em evidência. A nova ordem mundial, na qual as relações econômicas passariam a ser as mais importantes, marcaria então esse novo período.

Em uma possível análise do mapa a seguir, buscamos os motivos pelos quais surgiram as zonas de influência bem delimitadas em certas partes do mundo, partindo de cada centro e verificamos a existência de regiões tidas como "indefinidas" e seus respectivos motivos. O resultado dessa análise, com a participação dos alunos, é um significativo debate em torno da geopolítica global do período. Alguns questionamentos, como os propostos a seguir, podem ajudar a nortear o debate: por que a América é a zona de influência dos EUA, da mesma forma que a África é da Europa e a Bacia do Pacífico é do Japão? Seria por razões geográficas de proximidade? Haveria componentes históricos? Os motivos que fazem com que cada centro influencie determinada zona tem razões semelhantes? Enfim, o mapa oferece uma boa contribuição a uma discussão sobre a multipolaridade iniciada nos anos de 1990.

Capítulo 2 Geopolítica e a "nova" ordem mundial 59

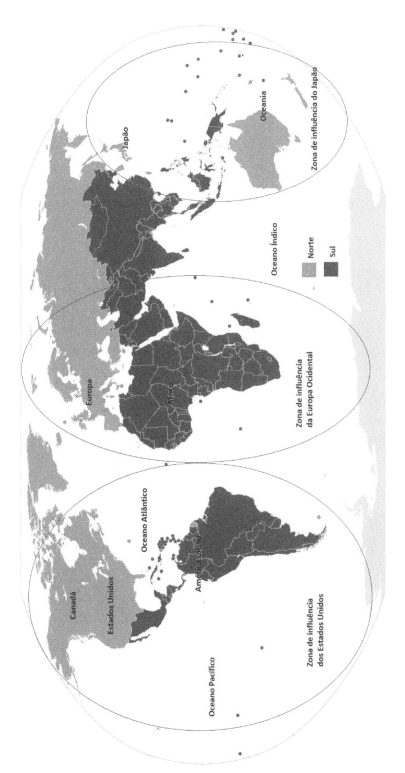

Figura 2.2 – *Mundo multipolar.*

Com a crise do socialismo real, a Rússia, herdeira principal do Império Soviético, virou periferia. Hobsbawm chega a afirmar que "a Rússia fora reduzida ao tamanho que tinha no século XII. Nunca, desde Pedro, o Grande, ela chegara a ser tão negligenciável" (1995, p. 538). Além da antiga superpotência que nos anos de 1990 fundou a CEI com os antigos aliados, as demais regiões do globo, tidas como "indefinidas", não eram vistas como concorrentes do "triplo poder central". Seriam igualmente negligenciáveis.

É compreensível que a hegemonia tenha sido "compartilhada" entre os países considerados centrais nos anos de 1990, com o fim da bipolaridade, se forem consideradas razões históricas. A emergência dos países do BRICS, inesperada até aquele momento, chamou a atenção apenas em 2001, quando Jim O'Neill, chefe de pesquisa em economia global do grupo financeiro Goldman Sachs, apresentou argumentos suficientemente convincentes que apontavam para um futuro com possíveis novos protagonistas na ordem econômica.

O que dizer da China? Atual segunda economia do planeta e país mais populoso do mundo? E da Índia, do Brasil, da Rússia e, mais recentemente, da África do Sul? Embora sejam vistos como os prováveis protagonistas da economia e da política em um futuro próximo, vão conseguir vencer as contradições internas, marcadas por profundas desigualdades socioeconômicas e grandes bolsões de miséria, principalmente no Brasil, na Índia e na África do Sul? Para os trabalhadores desses países, fazer parte do BRICS significa o quê exatamente?

Seria interessante solicitar aos alunos uma pesquisa que revelasse as contradições dos países emergentes, suas semelhanças e diferenças, bem como suas respectivas histórias, culturas e, sobretudo, o que cada um espera dessa possível unidade no grupo do BRICS. Podemos também expandir o conceito, envolvendo outros países que também são vistos como emergentes e fazem parte do G20. Fornecer aos alunos elementos justificando a emergência dos países do BRICS é importante para a compreensão de que há possibilidade de existirem significativas mudanças nos cenários econômico e político internacional nas próximas décadas. Entretanto, são previsões que podem ou não se realizar. Em nossas aulas, devemos discutir com os alunos essa ideia.

Chegamos ao fim da história? Em relação à tese de Fukuyama, há muito o que se discutir com os alunos.

Primeiro, é fundamental explicarmos do que se trata a democracia liberal, defendida pelo autor como sinônimo de redenção

Capítulo 2 Geopolítica e a "nova" ordem mundial   61

para a humanidade e que o levou a afirmar metaforicamente que estaríamos no fim da história. Segundo, é importante identificar onde há democracia liberal e no que exatamente ela se fundamenta. A realização de uma pesquisa com a finalidade de descortiná-la poderia ser um bom passo em nossas aulas para iniciar o tema. É possível levantar perguntas como: onde a democracia liberal é aplicada, como afirma o autor, ela vinga? Quais são os principais exemplos de democracias liberais no mundo? Como poderíamos compará-las? Onde se localizam e como vive seu povo? E a história desses países? Acreditamos que haja muitos elementos que devam ser usados na aula sobre esse tema. Terceiro, considerando que o autor fala da difusão do acesso à internet e da informação como aspecto de promoção da igualdade, já que estaria acessível a todos, como poderíamos interpretar essa situação? É claro que suas ideias foram combatidas por outros autores, mas o que ela representa para o senso comum?

Pensando na realidade cotidiana da qual fazemos parte, a quase onipresença de telefones celulares – que também podem ser vistos como fontes de informação – seria um bom motivo para iniciar a abordagem do assunto.

Para ilustrar, podemos exemplificar apontando que se tornou comum as pessoas nas ruas, nos centros comerciais, em salas de espera – antes povoadas por revistas antigas que eram disputadas, mas que, hoje, estão esquecidas em um canto qualquer –, nas salas de aula (!), enfim, em quase todos os lugares, estarem sempre verificando algo em seus telefones celulares. Como podemos observar, há muito o celular deixou de ser um "simples" telefone, tornou-se onipresente e passou a ser o mais fiel companheiro de muita gente em praticamente todo o mundo. Como poderíamos explicar essa fascinação pelos pequenos aparelhos – alguns não tão pequenos assim – na vida atual? Estamos na segunda década do século XXI e é importante lembrar aos alunos que, há pouco tempo, mais ou menos vinte anos, essa situação não existia.

Uma redação, uma ilustração, uma encenação, um verso ou até mesmo uma história. Os alunos poderiam imaginar o mundo real daqui há vinte anos! Pode ser bem interessante fazer uma comparação entre o real (passado) e o que nos espera. As seguintes perguntas podem ser lançadas: viveremos em uma comunidade global, como postulado por Fukuyama, em um mundo onde a informação acessível a todos será a ordem? Estamos muito distantes desse dia? É possível que esse dia já tenha chegado a algumas partes do mundo e não a outras? Em que mais implicaria uma comunidade global? Qual tipo de comunidade estaríamos construindo exatamente? O que a expressão "comunidade global" pode significar? Os termos comunidade global e aldeia global sugerem que o mundo estaria ficando mais igual? Com o advento do desenvolvimento tecnológico, estamos construindo um mundo mais justo e igualitário, formado por comunidades que, juntas, somam mais de 7,2 bilhões de habitantes e nas quais as pessoas vivem e se relacionam democraticamente e de acordo com suas respectivas culturas? Ou não podemos afirmar isso exatamente?

Uma discussão sobre as visões construídas com influência da mídia a respeito dos papéis que governos, empresas e sociedade possuem no mundo é importante. Talvez o resultado revele algo parecido com o roteiro de um filme de velho oeste, em que há o mocinho e o bandido. Seria novamente interessante destrinchar: quem é o mocinho e por quê? E quem é o bandido e por quê? Acreditamos que nesse ponto as aulas ganharão novas vertentes e realmente ficarão ainda mais interessantes.

Entendemos ser necessário desmistificar certas situações que são criadas pelos meios de comunicação social e, ao mesmo tempo, propor uma forma alternativa de buscar a informação. Confrontar as informações que chegam a nós pode ser muito interessante. A internet pode ser um excelente caminho, uma alternativa bastante viável para se contrapor, por exemplo, com a televisão, símbolo da imprensa de massa.

Outro tópico interessante é levar os alunos a entender que um ataque militar e/ou terrorista que ocorre na Nigéria, na Síria ou no Iraque é um problema da humanidade e não apenas de quem vive lá. É importante fazê-los perceber que crianças ficam sem escolas, famílias são separadas, meninas e mulheres são raptadas e muitas outras atrocidades são cometidas em nome de certas causas que nos parecem inexplicáveis, daí a razão de conhecê-las. Filmes que retratam essa realidade podem ser úteis nas aulas.

Quando se compreende a dinâmica que envolve os povos da Terra e suas tradições, passa-se a entender melhor o mundo em que se vive. Temos a tese do choque de civilizações, que define ao menos oito grandes civilizações mais influentes no cenário mundial. Ajudar os alunos a reconhecê-las e identificá-las em um mapa é fundamental para que saibam interpretá-las bem. Ao solicitar que pesquisem sobre distintas culturas, pode ser uma viagem incrível para eles (e para nós também) descobrir os elementos mais significativos de cada uma delas, como se constituíram, a língua, a religião, os aspectos mais marcantes, enfim, a história. É possível averiguar por que Huntington as elegeu como mais influentes e, principalmente, por que há possibilidade de choque entre elas.

Observamos que Huntington se contrapõe a Fukuyama e podemos fazer questionamentos como: quais evidências atuais podem corroborar com a visão de Huntington? A análise de conflitos contemporâneos ajuda a compreender o choque das civilizações?

Atualmente, em função de complexos fatores, sobretudo políticos, mudanças significativas estão ocorrendo em determinadas regiões do globo. Uma das mais significativas é a desencadeada pela chamada Primavera Árabe, iniciada na Tunísia e, até o momento, sem data para o término de suas consequências.

É inevitável abordar com os alunos que os choques entre civilizações têm ocorrido de maneira bastante significativa em algumas delas e chamado a atenção do mundo pelo sentido que estão ganhando. No Ocidente, pergunta-se, por exemplo, o real papel do grupo denominado Estado Islâmico, que no momento em que este texto é escrito (maio de 2015) tem o controle de vastas regiões do Iraque e da Síria, países destroçados por guerras civis que parecem intermináveis. As seguintes perguntas podem ser alvo de discussão: o Estado Islâmico é um grupo totalmente delirante ou sua ação representa algo mais significativo, como uma forma de resistência à influência externa? Por que pessoas de origem europeia e estadunidense têm se alistado a esse grupo? Existe uma forma correta de pensar e agir no mundo? Isso é mito ou fruto de uma imposição cultural advinda, sobretudo, do Ocidente?

Levar os alunos a perceber o que são valores universais e que há distintas formas de interpretá-los é essencial à compreensão do mundo global. É preciso que entendam que essas diferenças poderiam justificar o choque entre as civilizações ou dentro delas.

Sequência didática

Atividade

Analisar as formas de interpretação do mundo global.

Objetivos

Compreender as teses que interpretam o mundo global. Perceber as dicotomias e as contradições existentes entre elas e saber analisá-las criticamente.

Desenvolvimento

Módulo 1

Apresente aos alunos fragmentos de textos que contenham as ideias centrais de cada tese. Solicite que observem o que as fundamentam e por que ganharam notoriedade entre os analistas que estudam a conjuntura e a configuração do espaço mundial. Apresente exemplos de acontecimentos que levaram seus autores a defender essas ideias.

Módulo 2

Confronte as teses. Demonstre os pontos fortes e frágeis de cada uma. Observe se há convergência em algum ponto entre elas. Oriente uma análise mais minuciosa com a utilização de mapas e pesquisas feitas na internet. Estimule os alunos a, em casa, descobrir algo novo a respeito das teses em questão e a procurar saber se existem outros pontos de vista de análise do mundo global, até então não tratados na aula. Solicite que descrevam, caso tenha ocorrido, essa nova descoberta.

Módulo 3

A partir da apresentação das teses, promova uma discussão coletiva e direcione-a com questionamentos que levem ao cerne de cada uma e suscitem a participação dos alunos. Por exemplo: a invasão do Iraque liderada pelos Estados Unidos à revelia da ONU é fator suficiente para justificar a tese unipolar? Por quê? Repare que nesse caso os alunos precisam ter conhecimento dos acontecimentos que envolveram essa ação, ou seja, devem compreender o que é a ONU, por que foi criada e qual é seu papel; entender razoavelmente (pelo menos) o contexto do Oriente Médio etc. De forma semelhante, organize as discussões seguintes.

Acreditamos que essas atividades podem levar um tempo razoável, ainda mais se outros recursos forem usados, como filmes, por exemplo.

Avaliação

Peça aos alunos que, individualmente, formulem um texto no qual exponham sua percepção e demonstrem, com bons argumentos, em qual tese de interpretação do mundo global veem mais sentido.

REFERÊNCIAS BIBLIOGRÁFICAS

BONIFACE, Pascal; VÉDRINE, Hubert. **Atlas do mundo global.** São Paulo: Estação Liberdade, 2009.

BRASIL. Ministério da Educação. Secretaria de Educação Básica. **Orientações curriculares para o Ensino Médio:** ciências humanas e suas tecnologias. Brasília, 2008.

_____. Ministério da Educação. Secretaria de Educação Média e Tecnológica. **Parâmetros Curriculares Nacionais:** Ensino Médio. Brasília, 1999.

_____. Ministério das Relações Exteriores. **Informação sobre o BRICS.** Disponível em: <http://brics6.itamaraty.gov.br/pt_br/sobre--o-brics/informacao-sobre-o-brics>. Acesso em: 16 dez. 2014.

CONFIRA na íntegra o discurso de Bush feito em janeiro de 2002. **Terra.** Disponível em: <http://noticias.terra.com.br/mundo/estados-unidos/confira-na-integra-o-discurso-de-bush-feito-em--janeiro-de-2002,91fb27721cfea310VgnCLD200000bbcceb0aRCRD.html>. Acesso em: 14 dez. 2014.

COSTA, Wanderley M. da. **Geografia política e geopolítica.** 2. ed. São Paulo: Edusp, 2008.

DURAND, Marie-Françoise et al. **Atlas da mundialização:** com--preender o espaço mundial contemporâneo. São Paulo: Saraiva, 2009.

FUKUYAMA, Francis. **O fim da história e o último homem.** Rio de Janeiro: Rocco, 1992.

HOBSBAWM, Eric. **Era dos extremos:** o breve século XX. 2. ed. São Paulo: Companhia das Letras, 1995.

HUNTINGTON, Samuel P. **O choque de civilizações e a recomposição da ordem mundial.** Rio de Janeiro: Objetiva, 2010.

IRAQ BODY COUNT (IBC). [S.l.], 2003-2015. Disponível em: <www.iraqbodycount.org>. Acesso em: 22 dez. 2014.

MASSOULIÉ, François. **Os conflitos no Oriente Médio:** século XX. São Paulo: Moderna, 1994.

OHMAE, Kenechi. **O poder da tríade.** São Paulo: Pioneira, 1985.

O'NEILL, Jim et al. Building Better Global Economic BRICs. **Goldman Sachs Global Economics Paper**, n. 66, 30 nov. 2001. Disponível em: <www.goldmansachs.com/our-thinking/archive/archive-pdfs/build-better-brics.pdf>. Acesso em: 16 dez. 2014.

ORGANISATION FOR ECONOMIC CO-OPERATION AND DEVELOPMENT (OECD). Paris, 2015. Disponível em: <www.oecd.org/about>. Acesso em: 14 dez. 2014.

ORGANIZATION OF THE PETROLEUM EXPORTING COUNTRIES (OPEC). OPEC Share of World Crude Oil Reserves. **Annual Statistical Bulletin**, 2015. Disponível em: <www.opec.org/opec_web/en/data_graphs/330.htm>. Acesso em: 11 maio. 2015.

SANTOS, Milton. **Por uma outra globalização:** do pensamento único à consciência universal. 10. ed. Rio de Janeiro: Record, 2003.

THE WORLD BANK. Data: GDP (current US$). Washington, DC, 2015. Disponível em: <http://data.worldbank.org/indicator/NY.GDP.MKTP.CD>. Acesso em: 14 dez. 2014.

Sugestões de leitura

ALBUQUERQUE, César. O limite do império. **Carta na Escola:** atualidades em sala de aula, São Paulo, n. 85, p. 46-49, abr. 2014.

ALVES, Júlia F. **A invasão cultural norte-americana**. 26. ed. São Paulo: Moderna, 1996.

BRASIL. Ministério da Educação. Secretaria de Educação Básica. **Orientações curriculares para o Ensino Médio:** ciências humanas e suas tecnologias. Brasília, 2008.

_____. Ministério da Educação. Secretaria de Educação Média e Tecnológica. **Parâmetros Curriculares Nacionais:** Ensino Médio. Brasília, 1999.

BRENER, Jayme. **O mundo pós-guerra fria.** São Paulo: Scipione, 1994.

COSTA, Antonio Luiz M. C. O caos será tua herança. **Carta na Escola:** atualidades em sala de aula, São Paulo, n. 89, p. 42-47, ago. 2014.

COSTA, Wanderley M. da. **Geografia política e geopolítica**. 2. ed. São Paulo: Edusp, 2008.

HAESBAERT, Rogério; PORTO-GONÇALVES, Carlos Walter. **A nova des-ordem mundial.** São Paulo: Editora Unesp, 2006.

HARVEY, David. **O novo imperialismo**. 8. ed. São Paulo: Loyola, 2014.

MASSOULIÉ, François. **Os conflitos no Oriente Médio:** século XX. São Paulo: Moderna, 1994.

OLIC, Nelson B. **A desintegração do leste:** URSS, Iugoslávia, Europa Oriental. 6. ed. São Paulo: Moderna, 1993.

PIRES, Marcos C. A alforria dos emergentes. **Carta na Escola:** atualidades em sala de aula, São Paulo, n. 90, p. 30-33, set. 2014.

SAID, Edward W. **Orientalismo:** o Oriente como invenção do Ocidente. São Paulo: Companhia das Letras, 2007.

SEVCENKO, Nicolau. **A corrida para o século XXI:** no loop da montanha-russa. São Paulo: Companhia das Letras, 2001.

SILVA, Edilson Adão C. O Iraque desmancha-se. **Carta na Escola:** atualidades em sala de aula, São Paulo, n. 89, p. 48-51, ago. 2014.

VESENTINI, José W. **Novas geopolíticas**. 2. ed. São Paulo: Contexto, 2003.

Sugestão de filme

FAHRENHEIT 9/11. Direção: Michael Moore. Produção: Michael Moore, Jim Czarnecki, Kathleen Glynn. Coprodução: Kurt Engfehr, Jeff Gibbs. Roteiro: Michael Moore. EUA: Lions Gate Films/IFC Films, 2004. (122 min).

3

A globalização

Analisar os aspectos centrais que fazem da globalização um dos fenômenos mais discutidos nas últimas décadas é um interessante desafio nas aulas de geografia no Ensino Médio. A abordagem do tema torna-se muito atraente também por se tratar de um objeto bastante polêmico entre os estudiosos, já que não há consenso sobre o assunto e diversos pontos de vista podem ser identificados ao estudá-lo. Neste capítulo, apresentamos exemplos de como ela pode ser interpretada e quais seus supostos efeitos sobre a sociedade.

3.1 INTERPRETAÇÕES DA GLOBALIZAÇÃO

O que é globalização? Quando, como e por que teria surgido? Ela realmente existe? Se existe, é benéfica ou maléfica ao conjunto da sociedade humana?

É preciso considerar que é muito forte o entendimento de que a globalização é um fenômeno no qual a vida em sociedade é determinada por acontecimentos considerados globais, ou seja, aqueles que envolvem a todos em todas as partes do mundo, dissolvendo economias e fronteiras nacionais e, consequentemente, suas respectivas culturas. Costuma-se dizer que a economia se internacionalizou e é mantida pelas forças de mercado e seus principais atores, chamados firmas globais ou multinacionais que, em virtude de não estarem baseadas em um Estado, atuam livremente por meio de operações internacionais e, desse modo, não têm lealdade a qualquer Estado-nação, conforme criticamente atestam Hirst e Thompson (1998).

> **Firmas globais ou multinacionais:** De acordo com Durand e outros, empresas que realizam investimentos estrangeiros diretos (IED), os quais lhe permitem possuir implantações inteira ou parcialmente controladas (filiais). As primeiras datam do final do século XIX e esse fenômeno generalizou-se no início do século XXI. A maioria dos IED é feita entre países industrializados. Mais que multinacionais, essas empresas são transnacionais e tendem, no caso das mais importantes, a transformar-se em empresas-rede globais (2009, p. 147).

A distinção entre uma economia global emergente e as economias nacionais, consideradas irrelevantes em um suposto contexto globalizado, expõe uma percepção de que "o significado mais profundo transmitido pela ideia da globalização é o do caráter indeterminado, indisciplinado e de autopropulsão dos assuntos mundiais; a ausência de um centro, de um painel de controle, de uma comissão diretora, de um gabinete administrativo" (BAUMAN, 1999, p. 67).

Essa constatação pode ser facilmente encontrada em textos diversos e das mais variadas tendências, inclusive nos Parâmetros Curriculares Nacionais para o Ensino Médio, que apontam: "A globalização econômica, ao promover o rompimento de fronteiras, muda a geografia política e provoca, de forma acelerada, a transferência de conhecimentos, tecnologias e informações, além de recolocar as questões da sociabilidade humana em espaços cada vez mais amplos" (BRASIL, 1999, p. 25). Com essa forma de interpretar a globalização e sua consequente propagação, pode-se afirmar que o fenômeno se transformou em uma espécie de talismã, utilizado por jornalistas e outros analistas para explicar diversos fenômenos econômicos, políticos e sociológicos que ocorrem no mundo.

Trata-se de um conceito que justifica uma série de fatos e a existência de objetos da vida cotidiana, que vão desde a pilha que usamos em um controle remoto de televisão até a roupa que vestimos. Também diz respeito a acontecimentos como crises econômicas ou conflitos armados internacionais, como os que ocorrem em várias partes do planeta. Considerando estes últimos aspectos, a globalização seria mais identificada com um mundo em que subsistem colapsos, como, por exemplo, o que se iniciou em 2008 nos Estados Unidos e afetou muitos países quando da falência de bancos e empresas imobiliárias. Nas palavras de Barbosa, "a globalização dos mercados financeiros, com seu apetite incontrolável por ganhos e fatias cada vez maiores, traz embutida uma crise espantosa, de graves consequências" (1997, p. 87).

Seria a globalização sinônimo de uma "nova desordem mundial", como constatado anteriormente? Ou o mundo globalizado estaria mais afinado com um mundo tecnológico?

Conforme afirmam os PCN para o Ensino Médio:

[...] É necessário ter clareza que a globalização é um fenômeno decorrente da implementação de novas tecnologias de comunicação e informação, isto é, de novas redes técnicas, que permitam a circulação de ideias, mensagens, pessoas e

mercadorias num ritmo acelerado, e que acabaram por criar a interconexão entre os lugares em tempo simultâneo. (BRASIL, 1999, p. 314)

Logo, o mundo globalizado é aquele em que o desenvolvimento dos meios técnicos relacionados, sobretudo, a comunicações e transportes causou um impacto sem precedentes na história, em especial com o aparecimento da rede mundial de computadores, que permitiu a comunicação instantânea. Assim, seria possível dizer que praticamente ninguém na atualidade estaria deslocado dos acontecimentos considerados mais importantes, que a informação seria acessível a todos e que, por essa razão, o usufruto do desenvolvimento tecnólogo seria universal.

Por um lado, pode-se afirmar que realmente há uma "nova ordem mundial", se a considerarmos resultante de uma revolução tecnológica constante, especialmente em relação aos meios de comunicação, provocando mudanças nas relações pessoais e socioculturais e nas formas de produzir e trabalhar. Por outro lado, ainda que consideremos tal condição "revolucionária", podemos alegar também que há diferenças nas formas como chegam as informações aos distintos lugares do mundo, revelando desigualdade no acesso, e em seus objetivos, manifestando caráter ideológico que muitas vezes não dialoga com realidades locais. Esses são alguns dos fatores que podem ser considerados responsáveis, em uma conjuntura globalizada, pela acentuação de desigualdades entre povos e nações.

Considerar a existência de tecnologias mais avançadas que permeiam a vida das pessoas sem criticidade nem entendimento de seu significado pode levar a uma armadilha, na qual o mundo das aparências se sobressai. As informações que chegam às casas das pessoas precisam ser filtradas, pois é algo que representa uma ou mais ideias e, por razões óbvias, defende certos interesses. Levar os alunos a perceber que é muito importante analisar cuidadosamente as informações às quais se tem acesso por meio da internet ou qualquer outro meio de comunicação é fundamental para que possam interpretar com critério o mundo global.

A respeito da transmissão da informação que é levada às pessoas e seu caráter ideológico, Santos afirma:

O que é transmitido à maioria da humanidade é, de fato, uma informação manipulada que, em lugar de esclarecer, confunde. Isso tanto é mais grave porque, nas condições atuais

Santos: Milton Santos (1936-2001) foi geógrafo, sendo considerado um dos mais importantes e influentes pesquisadores brasileiros e um dos expoentes do movimento de renovação crítica da geografia. Lecionou em diversas universidades no Brasil e no exterior. Em 1994, recebeu o Vautrin Lud, principal prêmio internacional de geografia. Foi autor de vasta obra que abrange cerca de quarenta livros e trezentos artigos.

da vida econômica e social, a informação constitui um dado essencial e imprescindível. Mas na medida em que o que chega às pessoas, como também às empresas e instituições hegemonizadas, é, já, o resultado de uma manipulação, tal informação se apresenta como ideologia [...]. Não é de se estranhar, pois, que realidade e ideologia se confundam na apreciação do homem comum, sobretudo porque a ideologia se insere nos objetos e apresenta-se como coisa. (2003, p. 39)

Globalização: fenômeno antigo

Para alguns autores, a globalização é algo antigo. Trata-se de um fenômeno que teve início há bastante tempo e remonta aos séculos XV e XVI, às "descobertas" europeias em outros continentes, ou até antes disso.

Singer, um dos autores críticos ao modelo de globalização predominante, afirma: "o atual processo de internacionalização da produção mercantil, mediante a superação das distâncias e as barreiras políticas entre as nações, começou pelo menos desde a famosa viagem de Marco Polo ao Extremo Oriente, no século XIII" (2000). Seja com a viagem de Marco Polo ao Oriente, seja com a chegada de Cristóvão Colombo à América, a globalização, obviamente, não seria um evento recente. Esses acontecimentos (as "grandes viagens") contribuíram para que ocorressem avanços mercantis muito significativos, por conta da criação de novas rotas marítimas que favoreceram, como se sabe, a exploração de riquezas na América, na África e na Ásia, continentes onde os europeus estabeleceram colônias.

Ainda segundo Singer:

As grandes descobertas tinham motivação política e religiosa, mas seu objetivo básico era comercial. O que os portugueses vieram buscar aqui eram metais preciosos ou outros produtos vendáveis no mercado mundial. Como não encontraram ouro e prata de imediato, iniciaram a produção de açúcar de cana com mão de obra escrava da África. Globalização mais explícita seria difícil de conceber. O açúcar era produzido nos engenhos do Nordeste, com capital holandês, transportado em navios portugueses, consumido na Europa e os tributos eram cobrados pela coroa lusitana. (2000)

Outro acontecimento importante que pode ser considerado uma segunda fase da globalização é a Revolução Industrial, ocorrida no final do século XVIII. A partir dele, o trabalho assalariado e o mercado consumidor ganharam vulto ao mesmo tempo em que as descobertas técnico-científicas e as invenções aceleraram o desenvolvimento capitalista. Nesse período, surgiram as chamadas multinacionais, que se fortaleceram durante o século XX exportando sua produção industrial, que abrangeu todos os continentes e criou então o que seria um mercado global.

> **Mercado global:** Resultante de uma integração econômica que se sobrepõe à integração política. É composto de diversos atores, mas pode ser considerado desigual por não alcançar a todos da mesma forma.

Considerado um fenômeno antigo, a globalização teria passado por fases. Amin (2001a) identifica três: a conquista da América pelos europeus; a Revolução Industrial confirmada por meio da colonização de Ásia e África; e o colapso do sistema soviético e de regimes nacionalistas do mundo considerado subdesenvolvido. É importante registrar que Amin, também um autor crítico da globalização vigente, considera-a sinônimo da ação imperialista do Capitalismo no mundo. Para ele, a globalização serviria para expandir o sistema socioeconômico que possui objetivos claros, como o controle sobre a expansão de mercados, o aproveitamento dos recursos naturais do planeta e a exploração de trabalhadores, especialmente nos países periféricos.

Singer, ao analisar o desenvolvimento da globalização durante o século XX, destaca quatro fases importantes:

> *Olhando apenas para os últimos cem anos, pode-se ver que a globalização passou por quatro fases distintas. A primeira vai até 1914 e registra a ascensão liberal, impulsionada pela Grã-Bretanha desde meados do século anterior. O comércio internacional relativamente desimpedido suscitou então um desenvolvimento econômico limitado ao Ocidente europeu, aos Estados Unidos e ao Japão. A segunda abrange as duas guerras mundiais e o período entre guerras e é marcada pelo dilaceramento bélico da economia mundial, pelo fechamento dos mercados nacionais e pela universalização da substituição de importações. A terceira começa em 1945 e se caracteriza pela abertura gradual e controlada dos mercados nacionais e a expansão rápida das multinacionais dentro deste novo espaço econômico. Finalmente, a quarta começa nos anos [19]80 e é marcada por uma estranha volta à primeira fase, ao liberalismo, à liquidação dos setores produtivos estatais e ao impedimento de políticas nacionais de desenvolvimento. (2000)*

A esta altura, ao discutir tecnologia e globalização com os alunos, provavelmente eles já terão percebido que o desenvolvimento tecnológico, ao contrário do que muitas pessoas imaginam, pode não ser considerado recente, embora os meios de comunicação e transporte contemporâneos o tenham evoluído muito. Olhando para o passado, mais de quinhentos anos, podemos constatar que as próprias caravelas que atravessavam o Atlântico eram, para o período, o que havia de mais desenvolvido tecnologicamente. Com isso, podemos afirmar também que esse desenvolvimento, aliado aos meios de comunicação, foi capaz de "internacionalizar" ou "globalizar" as relações, sobretudo as comerciais, entre diversas culturas locais. A própria expressão "aldeia global" ou "aldeia planetária" teria sido utilizada pela primeira vez no final do século XIX (BATISTA JR., 1998 apud GERBIER, 1997).

Globalização: um mito

Para outros autores, como Batista Jr. (1998), Hirst e Thompson (1998) e Barbosa (1997), a chamada globalização não passa de mito, de uma invenção para justificar como o capital internacional buscou ampliar sua influência global. Esses autores consideram necessário analisar o desenvolvimento das relações econômicas entre os países a partir de uma perspectiva histórica mais remota, o que, se feito, revelaria não haver novidade nessas relações, já que não se encontrariam evidências de significativa mudança estrutural na economia em direção a uma verdadeira globalização.

Barbosa atesta:

Não existe nenhuma economia "internacional". Todas as economias têm uma base nacional, encontram-se em países determinados e correspondem a interesses sociais reais, deste ou daquele Estado.

O mito de uma economia internacional separada das economias nacionais que a dominam tem por objetivo apenas difundir propaganda danosa aos interesses de nações pouco civilizadas. É um mito cultivado pelas empresas multinacionais. (1997, p. 83)

Embora se reconheça um importante incremento no comércio exterior, que resulta em crescentes fluxos internacionais de capital, não se veem as mudanças que os defensores da existência de um mundo globalizado afirmam haver.

Hirst e Thompson expõem dois tipos do que chamam modelos existentes de economia internacional. O "tipo 1", chamado *economia internacional*, caracteriza-se por ser aquela "em que as entidades principais são economias nacionais. O comércio e os investimentos produzem interconexões crescentes entre essas economias ainda nacionais" (1998, p. 23). O modelo de "tipo 2", chamado *economia globalizada*, distingue-se da primeira por oferecer "àquelas interações baseadas no âmbito nacional um novo poder. O sistema econômico internacional torna-se autônomo e socialmente sem raízes, enquanto os mercados e a produção tornam-se realmente globais" (1998, p. 26).

A justificativa da tese de que a globalização é um mito é apresentada por Hirst e Thompson e por Batista Jr. com base em alguns pontos principais, que enumeramos a seguir:

1. A economia, atualmente internacionalizada, não é novidade, pois não passa de uma conjuntura decorrente de períodos anteriores e remonta aos anos de 1860. Afirmam também que, nos dias atuais, a economia internacional é menos aberta e integrada do que fora entre o final do século XIX e o início do século XX, até 1914.

2. A presença de corporações transnacionais na atualidade, embora tenham existência difundida à exaustão, é relativamente rara, já que a maioria dessas firmas tem uma base nacional expressiva. O que ocorre, de fato, é uma comercialização multinacional. Os autores amparam seus argumentos exemplificando, por meio de diversos gráficos, a atuação dessas companhias e demonstrando ainda que a maioria delas atua prioritariamente em um grupo bastante limitado de países, salvo as poucas exceções.

Os autores concluem afirmando:

A natureza da atividade multinacional em todas as dimensões observadas, orientada para o país de origem, parece dominante. Assim, as multinacionais ainda contam com sua "base de origem" como o centro de suas atividades econômicas, apesar de todas as especulações sobre a globalização. A partir desses resultados, estamos certos de que, no conjunto, as empresas internacionais ainda são predominantemente multinacionais e não transnacionais [...]. (HIRST; THOMPSON, 1998, p. 146)

Batista Jr., em sua obra *Mitos da globalização*, também discorda da existência de transnacionais e vai ainda mais longe ao afirmar que, "em geral, as corporações não devem ser caracteriza-

Geografia

Tríade: Em 1998, os Estados Unidos, com PIB de 9,08 trilhões de dólares; o Japão, com 3,91 trilhões de dólares, a Alemanha, com 2,23 trilhões de dólares; o Reino Unido, com 1,52 trilhão de dólares; a França, com 1,51 trilhão de dólares; e a Itália, com 1,26 trilhão de dólares, eram as seis principais economias do mundo (THE WORLD BANK, 2015a).

das como 'transnacionais' ou 'multinacionais', mas sim como firmas nacionais com operações internacionais" (1998, p. 72).

3. A chamada globalização não promove o deslocamento de capitais como se apregoa. Ao contrário, os investimentos externos são concentrados, salvo as exceções, nas principais economias industrializadas, mantendo à margem os países periféricos. Para Batista Jr., o "grau de internacionalização das finanças é mais limitado do que sugere o uso indiscriminado de expressões como 'globalização financeira' ou 'mundialização do capital financeiro'" (1998, p. 72).

4. A Tríade, segundo os autores, formada por América do Norte, Europa e Japão, concentra os fluxos de comércio, de investimentos e financeiros. Estaria em curso uma integração mais ampla, envolvendo outras economias, mas seu alcance estaria muito aquém de constituir um mercado que pudesse ser considerado global.

Com argumento semelhante, Batista Jr. afirma:

É verdade que o progresso técnico e as inovações em áreas como informática, telecomunicações e finanças, combinadas com a liberalização de mercados e a remoção de restrições a operações internacionais, vêm contribuindo para a maior integração das economias nacionais. Não obstante, os mercados internos continuam a preponderar, por larga margem, na absorção da produção, na geração de empregos e no financiamento dos investimentos. (1998, p. 71)

5. As grandes potências econômicas têm a capacidade de gerir, por meio de ações políticas, os mercados financeiros e demais tendências econômicas. Desse modo, mercados globais, de forma alguma, estariam fora da regulação e do controle dos Estados. É importante observar que não se trata de qualquer Estado, mas sim apenas das economias mais desenvolvidas, particularmente os membros da OCDE. Caso existisse uma globalização, seria formada apenas pelas economias mais industrializadas. Portanto, as relações econômicas entre esses países seriam as únicas que contariam.

Em suma, para os defensores da tese de que a globalização não passa de um mito, não há nada de significativamente novo nas relações econômicas internacionais, a não ser a própria palavra globalização, ampla e equivocadamente difundida. Não sendo algo novo – além disso, uma falsa novidade –, a existência da chamada globalização não seria justificada pelo incremento tecnológico, assim como, efetivamente, não haveria um mercado global e os Estados nacionais não estariam reduzidos a pó. Também as transnacionais não passariam de firmas com base nacional e atuação internacional e não existiriam fluxos de capitais circulando maciçamente pelo globo, mas sim em poucas nações centrais industrializadas.

A defesa e a contestação da globalização vigente

A atual globalização é vista por seus entusiastas como um fenômeno característico do capitalismo contemporâneo, responsável por uma maior influência mútua econômica, política, social e cultural entre Estados de diferentes partes do mundo. Representa avanços para a sociedade como um todo, que se consolidam por meio do amplo desenvolvimento econômico e tecnológico. Tais avanços são acessíveis a todos, uma vez que não são controlados nem centralizados por nenhum Estado, podendo, dessa forma, expandir-se livremente, fato que garantiria o respeito às liberdades individuais e o acesso democrático à informação e ao conhecimento.

Acredita-se que o mercado tenha capacidade de harmonizar os interesses coletivos ao regular a economia de modo eficiente, retirando tal responsabilidade do Estado. Este, em nenhuma hipótese, deveria ter completo controle da economia, pois sua atuação inibiria o setor privado e travaria o desenvolvimento. O Estado deveria, portanto, voltar sua preocupação e seus cuidados a outros interesses da sociedade, pois um sistema econômico concentrado nas mãos do governo, além de suprimir a livre concorrência, não garantiria nem promoveria liberdades civis.

Hayek, ao tratar da participação do Estado na planificação da economia, argumenta:

> *Quando os resultados particulares são previstos na ocasião em que se faz uma lei, esta perde o caráter de simples instrumento a ser empregado pelo povo e converte-se num instrumento usado pelo legislador para controlar o povo. O Estado deixa de ser a peça de um mecanismo utilitário destinado a auxiliar as pessoas a desenvolverem sua personalidade individual para tornar-se uma instituição "moral" – "moral" não em contraposição a imoral, mas no sentido de uma instituição que impõe aos que a ela se acham subordinados suas ideias sobre todas as questões morais, quer essas ideias sejam morais, quer*

78 Geografia

Consenso de Washington: De acordo com Durand e outros, a expressão foi forjada pelo economista John Williamson em 1989 para designar suas recomendações aos Estados desejosos de liberalizar suas economias (em especial os países da América Latina). Tais recomendações foram promovidas pelas instituições financeiras internacionais (FMI e Banco Mundial, cujas sedes situam-se em Washington, Estados Unidos) por meio de planos de ajuste estrutural: disciplina e reforma fiscal; reorientação da despesa pública; liberalização das trocas; privatização das empresas públicas; medidas destinadas a favorecer um crescimento elevado; e nova distribuição dos rendimentos. Essas recomendações influenciaram grandemente desde a América Latina até a África e os países pós-comunistas. Entretanto, o ativismo dos alterglobalistas, a fragilidade das economias nacionais e, ainda mais importante, a crise financeira atual pôs em xeque esses princípios (2009, p. 143).

Movimentos da sociedade civil organizada/alterglobalistas: Uma das principais organizações alterglobalistas é o Fórum Social Mundial (FSM). Surgido em 2001, o "O FSM é um espaço de debate democrático de ideias, aprofundamento da reflexão, formulação de propostas, troca de experiências e articulação »»

altamente imorais. Nesse sentido, o Estado nazista ou qualquer outro Estado coletivista é "moral", ao passo que o Estado Liberal não o é. (1990, p. 89)

Dessa forma, no ideário neoliberal globalizante, uma sociedade só pode ser considerada livre se não houver instrumentos estatais de controle da vida dos cidadãos. Em outras palavras, apenas a economia com virtudes do livre mercado e com intervenção mínima do Estado garantiria o pleno desenvolvimento.

De forma resumida, podem ser destacadas as seguintes características/princípios do neoliberalismo, posteriormente sistematizados com o chamado Consenso de Washington:

- total estímulo às privatizações;
- redução dos gastos por parte dos governos, sobretudo aqueles destinados ao social;
- desregulamentação do chamado mercado de trabalho, permitindo outras formas de contratação para garantir redução de custos das empresas;
- eliminação de barreiras aos investimentos vindos do exterior.

Logo, "a questão é saber se o que se designa por globalização não deveria ser mais corretamente designado por ocidentalização ou americanização" (RITZER, 1995 apud SANTOS, 2005, p. 45). Isso porque os valores, os artefatos culturais e os universos simbólicos que se globalizam são ocidentais e, por vezes, especificamente estadunidenses, sejam eles o individualismo, a democracia política, a racionalidade econômica, o utilitarismo, o primado do direito, o cinema, a publicidade, a televisão, a internet etc.

Para outros autores e movimentos da sociedade civil organizada/alterglobalistas, a globalização vista como fenômeno relativamente recente, "construído a partir da segunda metade do século XX, quando as corporações iniciaram a aventura da internacionalização da produção" (COSTA, 2008, p. 20-21), não tem se revelado como algo positivo para a maioria das pessoas ao redor do mundo. Segundo os alterglobalistas, a globalização neoliberal vigente, disseminada com a ajuda da mídia, contribuiria para promover aumento do desemprego, manutenção e aprofundamento da má distribuição das riquezas – provocando o depauperamento das massas, especialmente nas regiões mais pobres do planeta –, estímulo ao comportamento individualista – criando necessidades artificiais que levariam as pessoas à construção de um mundo menos solidário e menos ético –, entre outros danos à sociedade. Tal globalização serviria aos interesses de uma elite econômica que desenfreadamente busca lucros cada vez mais fáceis em qualquer parte do mundo.

Entre os efeitos da globalização estão o desenvolvimento da tecnologia eletrônica e de informática que parecem incessantes. Aparentemente, isso poderia ser visto como algo muito bom, pois facilitaria a vida cotidiana ao permitir que se obtenha mais tempo para realizar outras atividades, como as de lazer. No entanto, ao depositar um olhar mais apurado sobre a produção, pode-se notar também que tal desenvolvimento pode significar, por exemplo, aumento do desemprego.

De acordo com os críticos da globalização, resolver o problema do desemprego se tornaria mais difícil atualmente. No passado, os contingentes de trabalhadores demitidos das fábricas em função da mecanização puderam ser absorvidos com a redução da enorme jornada de trabalho à época. Hoje, é mais complexo o desafio de evitar que o desemprego atinja a muitos trabalhadores, "porque o capital dificilmente aceitará a redução da jornada de trabalho como no passado e as novas tecnologias agora atingem todos os setores – agricultura, indústria e serviços –, reduzindo-se as possibilidades de que um novo setor venha a absorver o enorme contingente de desempregados" (COSTA, 2008, p. 135).

Trata-se do desemprego estrutural. Esse preocupante fenômeno atinge países independentemente de seu nível de desenvolvimento, conforme se observa na tabela a seguir. Porém, para o ideário neoliberal, o custo do trabalho e as conquistas histórias dos trabalhadores seriam as principais causas do desemprego, seja ele estrutural, seja ele conjuntural. Para resolver o problema, seria necessário estabelecer a flexibilização ou a desregulamentação das leis trabalhistas, para assim facilitar as contratações.

Tabela 3.1 – Evolução das taxas de desemprego em países selecionados

País	2005-2009	2010-2014
Grécia	24,2	27,3
Espanha	25,2	26,6
África do Sul	25,0	24,9
Portugal	15,6	16,5
Zâmbia	13,1	13,3

»» de movimentos sociais, redes, ONGs e outras organizações da sociedade civil que se opõem ao neoliberalismo e ao domínio do mundo pelo capital e por qualquer forma de imperialismo. [...] O Fórum Social Mundial se caracteriza também pela pluralidade e pela diversidade, tendo um caráter não confessional, não governamental e não partidário. Ele se propõe a facilitar a articulação, de forma descentralizada e em rede, de entidades e movimentos engajados em ações concretas, do nível local ao internacional, pela construção de um outro mundo, mas não pretende ser uma instância representativa da sociedade civil mundial. O Fórum Social Mundial não é uma entidade nem uma organização" (FÓRUM SOCIAL MUNDIAL, 2015).

Comportamento individualista: Esse fenômeno não poderia existir sem o auxílio de um personagem com enorme influência junto às populações: os meios de comunicação. Como superestrutura ideológica do capital, os meios de comunicação – a publicidade em particular – cumprem um papel imprescindível nessa saga do capital. Diariamente, os jornais, o rádio, a televisão e a internet veiculam peças publicitárias que criam no imaginário coletivo um conjunto de anseios e necessidades de consumo, nos quais as grifes que mais »»

Sidebar

»» se destacam transformam-se em moda para consumidores, especialmente a juventude. Usar certas grifes determina o comportamento e a posição social do indivíduo, na moda, nos perfumes, nas comidas e nos produtos em geral. Assim, o capital passa a ter a capacidade de desenvolver-se vendendo ilusão – e evidentemente ampliando sua taxa de lucro (COSTA, 2008, p. 129).

Lucros cada vez mais fáceis: De acordo com Durand e outros, o investimento estrangeiro direto é todo investimento motivado pela determinação de uma empresa de desenvolver um interesse duradouro (participação superior a 10% dos direitos de voto) e uma influência significativa na gestão de uma empresa com sede em outro país. Essa operação, que implica uma relação de longo prazo (o inverso dos investimentos ditos "especulativos"), pode ser feita pela criação de uma nova empresa ou, como ocorre mais frequentemente, pelo controle total ou parcial de dada empresa por meio de aquisição e fusão. Os IED, cuja maioria diz respeito aos fluxos Norte-Norte, situam-se na base da globalização das firmas multinacionais (2009, p. 152). Já os capitais especulativos são aqueles que só procuram obter vantagem de determinada situação, não levando benefícios para a economia nem para o setor no qual se acha investido, »»

Main column

País	2005-2009	2010-2014
Itália	10,7	12,2
França	9,9	10,4

Fonte: The World Bank (2015b).

No Brasil, em janeiro de 2015, quando este texto estava sendo escrito, oitocentos trabalhadores de uma das maiores montadoras de automóveis do país "começaram bem" o ano: foram demitidos. Entre as justificativas amplamente divulgadas, apresentadas pela companhia, apareceram termos como: "realizar adequação necessária para a estrutura de custos e efetivo da unidade"; "necessidade de adequar a mão de obra e otimizar os custos para melhorar a competitividade da unidade" e "produção de três novos modelos de veículos até 2019, sendo dois deles globais".

A lógica da globalização precisa ser modificada, afirmam os alterglobalistas, pois, da maneira como está, atendendo somente aos interesses econômicos dos mais poderosos – Estados ou corporações –, tem ocorrido um aumento significativo na desigualdade socioeconômica.

Santos classifica o atual estágio globalizante como perverso:

De fato, para a grande maior parte da humanidade, a globalização está se impondo como uma fábrica de perversidades. O desemprego crescente torna-se crônico. A pobreza aumenta e as classes médias perdem em qualidade de vida. O salário médio tende a baixar. A fome e o desabrigo se generalizam em todos os continentes. Novas enfermidades como a Aids se instalam e velhas doenças, supostamente extirpadas, fazem seu retorno triunfal. A mortalidade infantil permanece, a despeito dos progressos médicos e da informação. A educação de qualidade é cada vez mais inacessível. Alastram-se e aprofundam-se males espirituais e morais, como os egoísmos, os cinismos, a corrupção.

A perversidade sistêmica que está na raiz dessa evolução negativa da humanidade tem relação com a adesão desenfreada aos comportamentos competitivos que atualmente caracterizam as ações hegemônicas. Todas essas mazelas são direta ou indiretamente imputáveis ao presente processo de globalização. (2003, p. 19-20)

Para percebermos um aspecto importante do mundo globalizado nos moldes atuais, podemos fazer uma comparação que, se criticamente analisada, revela o que pode ser interpretado como uma grande incoerência. Trata-se da confrontação entre os valores de mercado de algumas das maiores corporações mundiais com o produto interno bruto de alguns países selecionados. Não se trata de comparar o poder econômico de tais companhias com países pobres apenas, já que há, entre os países selecionados, alguns que são considerados desenvolvidos, conforme se pode atestar na tabela a seguir. A análise fria dos números exibe uma contradição, pois os valores das companhias, em geral, superam a riqueza produzida em tais países.

»» isto é, não financiam a produção, o consumo e a pesquisa, não produzem bens nem empregos, vivem apenas da compra e venda de papéis.

Estrutural: O desemprego estrutural é resultante da adoção de equipamentos ou processos mais modernos, utilizados na produção, que melhoram a produtividade e reduzem os custos das empresas. Não se trata propriamente de perda, mas sim de extinção de postos de trabalho.

Conjuntural: O desemprego conjuntural é decorrente da sazonalidade da produção industrial. Também ocorre na agricultura com colheitas realizadas em determinados períodos do ano. Nesse caso, há certa rotatividade e não extinção de postos de trabalho.

Tabela 3.2 – Valor de mercado *versus* PIB

Companhia	Patrimônio (jan. 2015, em US$ bilhões)*
Exxon Mobil	385,65
Apple	378,25
Google	259,13
Walmart	258,49
Microsoft	241,45

País	PIB (2010-2014, em US$ bilhões)**
Angola	124,17
Colômbia	378,41
Kuwait	175,83
Nova Zelândia	185,78
Ucrânia	177,43

The Telegraph (2015).
**The Word Bank (2015a).*

Portanto, de acordo com seus críticos, a globalização neoliberal proporcionaria muito menos oportunidades aos pobres do que aos ricos, contribuindo para o aumento das desigualdades e não oferecendo perspectivas de uma vida melhor. Com transações que alcançam apenas os que já possuem muito, por meio dos investimentos estrangeiros diretos, do capital especulativo ou das ações realizadas em que apenas a elite econômica possui acesso, os ricos passaram a ganhar ainda mais dinheiro e mais

82 Geografia

rápido. O apregoado desenvolvimento tecnológico, que oferece-ria oportunidades a todos e em qualquer lugar, tem seus recursos permanentemente utilizados para movimentar colossais somas de dinheiro, favorecendo poucos e, evidentemente, excluindo, em diversas partes do mundo, a maioria das pessoas.

3.2 COM OS ALUNOS

A globalização é um tema complexo e muito interessante. Podemos dizer que seus efeitos estão presentes no cotidiano das pessoas em suas ações domésticas, de lazer, no trabalho, na escola etc. Colaboram para que novos hábitos de consumo surjam e influenciem na difusão de certos costumes, que contribuem para uma espécie de homogeneização do comportamento e da cultura em diversas partes do mundo.

Não nos parece demais afirmar que o constante desenvolvimento das tecnologias de comunicação e de transporte promove uma nova percepção do tempo e do espaço e influencia enormemente as relações humanas. Vejamos, por exemplo, a dependência das pessoas em relação a certos equipamentos eletrônicos na atualidade, como os telefones celulares, que a cada dia ganham mais espaço e tornam-se onipresentes na vida da maioria das pessoas.

Onipresentes: O Brasil registrou, em abril de 2015, 283,52 milhões de linhas ativas na telefonia móvel e teledensidade de 138,94 acessos por cem habitantes. No quarto mês de 2015, os acessos pré-pagos totalizavam 213,46 milhões (75,29% do total) e os acessos pós-pagos 70,06 milhões (24,71%) (BRASIL, 2015).

A respeito da relação entre o desenvolvimento das tecnologias e a educação, os PCN de Ensino Médio afirmam:

A revolução tecnológica, por sua vez, cria novas formas de socialização, processos de produção e, até mesmo, novas definições de identidade individual e coletiva. Diante desse mundo globalizado, que apresenta múltiplos desafios para o homem, a educação surge como uma utopia necessária indispensável à humanidade na sua construção da paz, da liberdade e da justiça social. (BRASIL, 1999, p. 2)

Como ensinar geografia sob essa perspectiva? Na contemporaneidade, a informação sobre os acontecimentos chega até nós muito rapidamente, situação impensada há cerca de quinhentos anos. Tudo isso se dá graças às inovações tecnológicas que hoje fazem parte da vida de grande parte das pessoas no mundo.

Estamos no século XXI, mas foi apenas nos séculos XV e XVI que as coisas começaram a ter as características embrionárias da sociedade atual. Concordando ou não com essa afirmação, o que os alunos diriam a respeito? Podemos perguntar:

o mundo nos parece menor? Temos a sensação de que hoje o tempo passa mais rápido?

Um papel que cabe a nós, professores, é o de indagar aos alunos sobre os reais significados do chamado mundo globalizado e da modernidade e em que medida influenciam a vida de todos. Analisar as desigualdades relativas ao conhecimento técnico e tecnológico produzido pelas diversas sociedades e compreendê-las são pontos fundamentais para que tenhamos uma leitura mais criteriosa da realidade global.

Consideramos relevante questionar os alunos sobre o cotidiano para iniciar uma conversa mais profunda a respeito desse tema, observando o que seria "normal" para eles. Por exemplo: em nossa sociedade, todas as pessoas possuem as mesmas oportunidades? Por quê? Se concordarmos que é notória a desigualdade socioeconômica, o que poderia ser feito para mudar essa situação? Isso é fruto da globalização? Se for, de que globalização estamos falando?

Ainda sobre a globalização, talvez nossa derradeira questão seja a seguinte: em que a globalização tem contribuído para melhorar a realidade? Os produtos de consumo cada vez mais desejados, as viagens pelo espaço sideral, o desenvolvimento incessante dos meios de comunicação e de transporte, da informática e da eletrônica, enfim, em que a inteligência humana materializada em suas invenções tem contribuído para a melhoria da vida na Terra? E o que, afinal, tudo isso tem a ver com o chamado mundo globalizado? Criamos uma civilização que, mesmo com o aparato do desenvolvimento tecnológico, acentua as diferenças econômicas, sociais e culturais?

Como afirmam os PCN de Ensino Médio:

Sobre as novas tecnologias de informação e comunicação [...] é necessário, é imperativo, que se assegure o acesso a elas a um número crescente de indivíduos e grupos sociais, na perspectiva da igualdade. Afastam-se, com isso, os temores de uma sociedade tecnológica a serviço da exploração e alienação do homem, na qual o monopólio das tecnologias cumpre estratégias de controle político, social, econômico e cultural. (BRASIL, 1999, p. 296)

Vivemos no mundo da informação. A despeito do nível de confiança que temos nas empresas de comunicação às quais temos acesso cotidianamente, não é difícil saber o que está acontecendo neste momento em outro país, localizado em outro continente.

Acreditamos que fica mais acessível à compreensão dos alunos quando exemplos do cotidiano, especialmente aqueles que geralmente fazem parte da vida deles, são apresentados à discussão.

Se conversarmos com os alunos a respeito do que gostam ver na TV, o tema "esporte" provavelmente será uma resposta bastante presente. Podemos perguntar: vocês já pararam para pensar na facilidade de assistir, confortavelmente sentados no sofá de nossa casa, no mesmo instante em que ocorre, a um jogo de vôlei ou futebol que está sendo realizado no Japão? Como isso é possível? Pode parecer ingenuidade perguntar isso aos alunos, mas não é. Em geral as pessoas não fazem ideia de como funciona a tecnologia que usam todos os dias. As facilidades são tão grandes que "naturalizam" a relação das pessoas com seus aparatos que, como afirmamos, estão cada dia mais presentes na vida comum. Sobre as transmissões via satélite, seria bem interessante promover atividades que esclareçam como funciona e qual a importância desses equipamentos na vida cotidiana.

> **Satélite:** Na página do INPE, há muitas informações e atividades a respeito dos satélites brasileiros, incluindo suas diversas funções (disponível em: <www.inpe.br>, acesso em: 14 jan. 2014).

Fala-se que a globalização promove maior integração entre pessoas de variadas culturas em virtude do uso dos recursos tecnológicos modernos, que contribuem muito significativamente para alcançar novas relações pessoais, culturais e, portanto, sociais. Como essa "nova condição" pode trazer benefícios para sociedades como a nossa? Por exemplo, é interessante conhecer a cultura de outros povos por meio de sua música, de outras formas de arte, da política, do funcionamento da sociedade etc. No entanto, e se há uma "invasão" de uma cultura ou de um modo de organização que se sobreponha à outra? O que pensamos a respeito disso? Como, onde e por que isso acontece? São questões que entendemos ser fundamentais à discussão para que os alunos saibam respondê-las e aprendam a argumentar com propriedade, a fim de que fiquem longe de aceitar o "complexo de vira-lata" que afeta a opinião e o comportamento de muitos brasileiros.

A tecnologia realmente pode ajudar a humanidade a mudar os rumos das coisas que não estão indo bem? Pode ajudar a melhorar o mundo para todos? Podemos afirmar que o desenvolvimento da tecnologia da informação contribuiu para se ter uma nova percepção das distâncias espaciais? Uma análise interessante dessa percepção pode ser feita com a letra da música "Parabolicamará", de 1992, do cantor e compositor brasileiro Gilberto Gil. Sugerimos a audição e a posterior discussão de seu conteúdo, relacionando-o de maneira interdisciplinar com acontecimentos históricos e demais fenômenos que envolvam uma percepção globalizante do mundo.

Parabolicamará

Antes mundo era pequeno

Porque Terra era grande

Hoje mundo é muito grande

Porque Terra é pequena

Do tamanho da antena parabolicamará

Ê, volta do mundo, camará

Ê, ê, mundo dá volta, camará

Antes longe era distante

Perto, só quando dava

Quando muito, ali defronte

E o horizonte acabava

Hoje lá trás dos montes, den de casa, camará

Ê, volta do mundo, camará

Ê, ê, mundo dá volta, camará

De jangada leva uma eternidade

De saveiro leva uma encarnação

Pela onda luminosa

Leva o tempo de um raio

Tempo que levava Rosa

Pra aprumar o balaio

Quando sentia que o balaio ia escorregar

Ê, volta do mundo, camará

Ê, ê, mundo dá volta, camará

Esse tempo nunca passa

Não é de ontem nem de hoje

Mora no som da cabaça

Nem tá preso nem foge

No instante que tange o berimbau, meu camará

Ê, volta do mundo, camará

Ê, ê, mundo da volta, camará

De jangada leva uma eternidade

De saveiro leva uma encarnação

De avião, o tempo de uma saudade

Esse tempo não tem rédea

Vem nas asas do vento

O momento da tragédia

Chico, Ferreira e Bento

Só souberam na hora do destino apresentar

Ê, volta do mundo, camará

Ê, ê, mundo dá volta, camará

(GIL, 1992)

Podemos perguntar aos alunos qual é a noção de espaço e de tempo encontrada na letra da música? Ou o que é espaço e o que é tempo?

A globalização como fenômeno antigo, defendida por alguns e objeto de críticas de outros, é um dos temas mais controversos. Um bom exemplo para contribuir com a compreensão dos alunos a respeito dessa questão é propor uma pequena viagem no tempo ao ano 1500, quando os portugueses atravessaram o oceano Atlântico e chegaram ao território que hoje é o Brasil. Levar os alunos a entender que, naquele tempo, Portugal era um reino – ou seja, que a maior autoridade do país era o rei e que, portanto, todos os seus subordinados deveriam, além de obediência, comunicá-lo sobre os acontecimentos importantes envolvendo os interesses da Coroa – pode surpreendê-los, já que atualmente vivemos em uma república. Consideramos essencial apresentar e discutir com os alunos os regimes políticos para que entendam as diferenças entre o que é uma monarquia absoluta e uma monarquia constitucional, o que é uma república presidencialista e uma república parlamentarista, além, é claro, de abordar outros regimes mistos.

Como diz a história, após a chegada ao território recentemente "descoberto", em 22 de abril de 1500, um dos membros das embarcações, Pero Vaz de Caminha, o escrivão da frota de Pedro Álvares Cabral, redigiu uma carta ao rei de Portugal, dom Manuel I, informando-o do acontecimento. No texto, relatou com detalhes a paisagem do litoral do nordeste brasileiro àquela data e, entre outros assuntos, descreveu como eram as terras, os habitantes e como estes viviam. É considerada uma das principais fontes históricas sobre o "descobrimento" do Brasil. A carta é datada de 1º de maio de 1500 e fora escrita em Porto Seguro. Depois, foi levada para Lisboa pelo comandante Gaspar de Lemos.

> **Carta:** Nos seguintes endereços eletrônicos, está disponível, na íntegra, a carta de Pero Vaz de Caminha: <www.publico.pt/culturaipsilon/noticia/a-carta-de-pero-vaz-de-caminha-1627013?page=-1>; <http://educaterra.terra.com.br/voltaire/500br/carta_caminha.htm>; <www.biblio.com.br/conteudo/perovazcaminha/carta.htm>; <www.ebc.com.br/cultura/2013/04/original-da-carta-de-caminha-esta-na-internet-confira> (neste último endereço, a carta original encontra-se digitalizada com um pequeno mapa com a rota do "descobrimento"). Acessos em: 26 maio 2015.

Ao ler um trecho da carta aos alunos, podemos questionar se esse documento tem algo a ver com a globalização? A travessia do oceano Atlântico, que, naquela época, era chamado de Mar Oceano, demorava em torno de cinquenta dias. Assim, o rei de Portugal, à época, só ficou sabendo do ocorrido quase dois meses depois! Podemos comparar a diferença da velocidade dos transportes e das comunicações nesses quinhentos anos levantando questões como: quanto tempo um avião demora atualmente para atravessar o Atlântico? O que mudou nas comunicações nesse tempo? O que os alunos acham da afirmação de que a globalização é um fenômeno antigo?

A abordagem crítica da globalização também é muito presente entre os analistas. Analisar criticamente a globalização e desconstruir a ideia de que todos, supostamente, ganham com ela pode ser um caminho interessante para trabalhar essa vertente na aula.

> *Sem dúvida, esse processo de inovação permanente e fora de controle imediato traz sérias consequências para a vida humana, a exemplo da inviabilidade de formas de produção artesanais para suprir mercados amplos. A consequência mais drástica certamente é o desemprego [...]. (BRASIL, 1999, p. 295)*

O modo de produção capitalista, suas causas históricas, sua lógica e seus efeitos devem ser tratados com os alunos em aula. Sendo possível, podemos visitar uma fábrica para que os alunos tenham uma melhor compreensão de como é o processo produtivo, como funciona e como os produtos (mercadorias) vão posteriormente ser comercializados e chegar ao consumidor. Consideramos imprescindível que entendam o funcionamento dessa cadeia. Podemos fazer as seguintes perguntas: por que ela existe? A quem ela serve? Qual é a sua importância histórica?

Sobre o funcionamento dessa rede e de como pode ser vista ou interpretada, seria bem interessante assistir ao excelente filme

Tempos modernos: *Tempos modernos* (1936) é um filme dirigido pelo inglês Charles Chaplin: um operário tenta sobreviver em meio ao mundo industrializado, mas é levado à loucura pela intensidade do trabalho repetitivo, que até então desempenha em uma linha de montagem. O filme expõe uma contundente crítica ao capitalismo, ao fordismo e à "vida moderna" pós-Revolução Industrial, por meio dos maus-tratos a que os trabalhadores são submetidos e da pobreza e da dificuldade de sobrevivência dos mais pobres.

Tempos modernos. Sempre atual, embora seja um drama, é também muito engraçado por causa da genialidade de Charles Chaplin ao interpretar um personagem que luta para sobreviver na modernidade.

Uma das características mais marcantes da chamada globalização é o desenvolvimento da sociedade de consumo. O estímulo às compras, que tem presença marcante no cotidiano, pode ser entendido pela expansão mundial de certas empresas que impõem novos hábitos de consumo às pessoas.

Vejamos um exemplo relacionado à alimentação. Nos últimos trinta anos, os hábitos de alimentação de muitos brasileiros, especialmente nas grandes cidades, mudaram significativamente. A tradicional alimentação (como a que se faz em casa) na hora do almoço ou do jantar tem perdido espaço para a alimentação rápida, chamada *fast-food*, e oferecida por redes de lanchonetes e restaurantes espalhados pelas cidades. A comida servida nesses restaurantes segue, como se sabe, um padrão industrial e é feita em uma linha de montagem. Por essa razão, o gosto da comida é sempre igual, transformando-se em um vício para quem se acostuma a ela.

Sabe-se que os mais jovens são os mais atraídos e, por isso, mais vulneráveis a esse tipo de alimentação. Em geral, os restaurantes são coloridos e oferecem brindes, atraindo também as crianças. Em aula, propor uma discussão sobre os efeitos desse tipo de alimentação pode ser um bom começo para que se compreenda o padrão de fabricação industrial dos alimentos. Situações surreais são tratadas no documentário *Muito além do peso*, que mostra crianças tomando refrigerante em mamadeiras, viciadas em salgadinhos e que não sabem nomear legumes nem frutas que, para muitas, são espécies bem estranhas e indesejáveis.

Muito além do peso: Dirigido por Estela Renner (2012), discute a obesidade infantil no Brasil e no mundo. Apresenta crianças com problemas de saúde comuns a adultos por se alimentarem mal e serem viciadas em alimentos processados. De acordo com o filme, 33% das crianças brasileiras estão obesas. É muito bom para discutir alimentação, consumo, publicidade e saúde com os alunos.

Com a "vida moderna", muitos de nós passamos a querer coisas com mais praticidade, não perdendo muito tempo com determinadas atividades cotidianas, inclusive preparar o próprio alimento e se alimentar em casa. Muitas propagandas de comida industrializada apelam para a praticidade e apregoam que homens e mulheres que trabalham fora de casa e que supostamente possuem pouco tempo sempre terão à mão comida pronta, pois precisam apenas retirar a comida do congelador e colocá-la no forno para ter uma suculenta e deliciosa alimentação. Como os alunos avaliam essas situações? O que entendem por "consumidor"? Gostam desse tipo de comida?

Entre os efeitos da globalização também está o desemprego, o subemprego e a terceirização. No passado, para um carro ficar pronto, era preciso de muita mão de obra para montar a carroceria, soldá-la, pintá-la e colocar as peças. Hoje, com o desenvolvimento tecnológico muito avançado, muitas das coisas que eram feitas pelos operários são feitas por robôs. Assim, a soldagem da carroceria que era feita por um soldador é feita agora por um robô; a pintura do chassi que também era feita por um operário, no caso um pintor, também é hoje feita por um robô. E assim segue a lista de máquinas que substituem o homem em uma linha de montagem de um automóvel.

Essas substituições não ocorrem apenas em fábricas de carros, mas também em outros tipos de fábricas e empresas, como em um banco, por exemplo. Não faz muito tempo que, para utilizar serviços bancários como pagar uma conta de luz, fazer um depósito, um saque etc., os clientes precisavam de um funcionário que trabalhava no caixa. Esse funcionário era responsável pelo recebimento das contas, pelos depósitos, entre outros serviços, mas, hoje, como é sabido, suas funções são feitas por máquinas. Nos bancos, o setor onde tais máquinas ficam recebe o nome de auto-atendimento e nele o cliente não precisa mais lidar com o funcionário do caixa, que agora atende apenas casos muito específicos ou aqueles em que o cliente faz questão de ser atendido por um ser humano, em vez de uma máquina.

Tanto no caso da fábrica como no caso do banco, uma parte dos trabalhadores foi substituída por robôs e máquinas, que precisam apenas ser programados para desempenhar as funções previstas. Qual é efeito imediato dessa mudança? A tecnologia, nesse caso, estaria prejudicando os trabalhadores ao diminuir a quantidade de empregos? Essa situação representa progresso, ou seja, é inevitável? Devemos discutir com os alunos as possíveis consequências diretas dessas ações.

Caso se pense pelo lado da empresa, parece-nos que é totalmente vantajosa a substituição de homens e mulheres por máquinas, já que estas não precisam de salário, não têm direitos trabalhistas, não reivindicam melhores condições de trabalho nem fazem greves, não interrompem o serviço para almoçar, beber água ou ir ao banheiro, não precisam de férias e descanso semanal e podem trabalhar 24 horas por dia sem reclamar. Uma máquina só precisa de manutenção periódica e deve ser substituí-da tão logo uma mais moderna esteja disponível. Uma máquina não pensa, mesmo quando um computador nos atende no banco, como no caso da realização de um depósito, posteriormente, há a necessidade de alguém, um funcionário humano, efetivamente realizá-lo, recolhendo o envelope depositado pelo cliente na máquina e conferindo os dados do depositante. Mesmo assim, obviamente, são necessários menos funcionários para realizar a tarefa.

Parece que estamos "chovendo no molhado" revendo tais situações cotidianas. No entanto, como já afirmamos, é necessária a constante análise do funcionamento da sociedade para compreendê-la e não a naturalizar, afinal, os feitos das ações humanas no ambiente e na própria sociedade são constantemente evidenciados em tempos de crise. Os alunos precisam compreender e criticar tais relações.

A presença de empresas de origem estrangeira, chamadas transnacionais, em territórios nacionais, é uma característica importante do mundo globalizado e está relacionada às questões econômicas e à produção industrial de determinados países. As chamadas "fábricas globais", como se sabe, possuem grande atuação pela sua "flexibilidade" de produzir em vários países do mundo. Embora essas empresas sejam apontadas como controladoras de grande parte da produção mundial de bens de consumo, para alguns teóricos, a existência delas como realmente globalizadas não passa de um mito, embora não neguem o excepcional faturamento da maioria delas que, em certos casos, é equivalente ou superior ao PIB de muitos países. Ao expormos tais teses aos alunos, podemos debater se eles já tinham imaginado a possibilidade de uma empresa ser mais rica que um país, não apenas monetariamente, mas também com relação ao poder político que possuem ao influenciar decisões governamentais em países que, supostamente, necessitam da instalação dessas companhias em seus territórios para gerar empregos. Assim, surge uma nova pergunta: ter a presença de transnacionais no país é vantajoso? Por quê?

O Brasil já ofereceu condições vantajosas para investimentos estrangeiros que se tornaram altamente lucrativos. Em um desses episódios, alguns anos atrás, uma montadora de automóveis multinacional pretendia instalar-se em um dos estados brasileiros. Para isso ela exigia a concessão de uma série de vantagens, como a isenção de vários impostos que era sua obrigação pagar. O governo daquele estado se recusou, na época, a conceder tantas vantagens para tal empresa, pois o que ela ofereceria em troca, como o número de empregos, não traria compensações para a sociedade nem para o estado. Conclusão, essa transnacional preferiu mudar seu projeto para outro estado brasileiro que aceitou suas imposições.

A imprensa divulgou a notícia como se o governo do referido estado fosse incompetente e não pensasse no povo, pois, com essa atitude, muitos investimentos que iriam para estado, além dos empregos, foram perdidos. Porém, a interpretação dos fatos pode ser diferente caso seja considerada a posição do então governo estadual, que visava proteger o dinheiro público negando-se a fornecê-lo para uma grande corporação que arrecada muito mais pelo mundo. Esse exemplo ilustra bem o poder que essas corporações transnacionais têm, sobretudo se a mídia fizer o papel de espalhar os fatos sem explicar para a população como aconteceram.

Nesse caso, quem está com a razão e por quê? Uma discussão sobre esse assunto é muito importante para que os alunos entendam as razões que levam uma corporação estrangeira a escolher um local para instalar-se. Para a compreensão comum, a presença de uma grande empresa pode significar desenvolvimento e mais empregos para determinada região. No entanto, pouco se fala, em casos como esses, nas possíveis consequências como o aumento da poluição e da produção de resíduos, a isenção de impostos geralmente exigida por essas corporações, o desrespeito às leis locais, a exploração da mão de obra e os lucros exorbitantes obtidos por tais empresas.

Para entender como as coisas funcionam no mundo em que vivemos, é fundamental compreender o que está por trás dele. Só pode contribuir para mudar a realidade para melhor quem a compreende. O aluno do Ensino Médio já tem condições de ler e interpretar o mundo a sua volta de maneira bastante autônoma, crítica e responsável.

Aldeia global, transnacional, globalização. O que os alunos estão pensando a respeito disso tudo? Afinal, para que serve a globalização? Entre os efeitos da globalização, estão aqueles relacionados à economia, à cultura e aos aspectos sociais. Quais seriam os mais significativos? Por quê? Quem atualmente absorve mais mão de obra? Podemos questionar os alunos sobre o conhecimento que possuem a respeito das empresas transnacionais, já que várias delas estão instaladas no Brasil e possuem muitos de seus produtos à venda no mercado nacional. É possível perguntar também como entendem a influência de tais empresas no comportamento e nos hábitos das pessoas, como no modo de se vestir, de se alimentar etc. O que é moda? Qual é a melhor alimentação? Quais são os objetivos das transnacionais?

Sequência didática

Vimos que a globalização é um assunto polêmico, inclusive que sua existência é questionada. Ao propor essa sequência didática, não buscamos uma ação pedagógica que proponha aos alunos atenção a confirmações de distintos pontos de vista sobre esse fenômeno, embora também consideremos interessante que isso seja feito, caso seja o critério adotado pelo professor responsável.

Nesta sequência didática, pensamos em algo que, além de estar relacionado ao fenômeno da globalização – o desenvolvimento tecnológico dos sistemas de transmissão dos meios de comunicação –, esteja também ligado a uma análise da maneira como a notícia é produzida e reproduzida. Uma verificação da própria mídia, fruto desse desenvolvimento tecnológico e responsável pelas informações que chegam às pessoas.

Desse modo, nesta proposta, pensamos em trabalhar com os alunos não apenas o desenvolvimento da tecnologia da informação em si como também a qualidade da informação gerada nesses meios e que chegam até nós cotidianamente por diversos caminhos. No caso brasileiro, estendemos a proposta para outro tema também tão importante: a democratização dos meios de comunicação.

Atividade

As mídias e a qualidade da informação na era globalizada.

Objetivos

Analisar a forma como as notícias são veiculadas em diferentes meios de comunicação. Discutir a qualidade e a democratização da informação.

Desenvolvimento

Módulo 1

Explique aos alunos as diferentes formas de comunicação de massa: audiovisual, eletrônica, impressa etc. Demonstre que, por serem responsáveis pela informação levada a uma grande quantidade de pessoas sobre os principais acontecimentos que ocorrem no Brasil e no mundo, têm grande importância em uma sociedade que pretenda ser ou se manter democrática e livre. Explique também que as mídias devem, além de cumprir um papel informativo, oferecer programação que tenha qualidade; que contribua para que se alcance uma compreensão melhor da realidade ao apresentar mais de um ponto de vista sobre temas polêmicos; que seja também educativa, em especial aquela que é resultado de concessões públicas. Questione os alunos sobre a quantidade de tempo que gastam vendo, lendo ou ouvindo o noticiário e sobre o que pensam a respeito do jornalismo oferecido.

Módulo 2

Oriente os alunos a escolher um tipo de mídia e selecionar uma notícia que esteja, de alguma forma, relacionada à globalização ou a algum fato político nacional ou internacional de relevância. Eles devem assistir, ouvir e/ou ler sobre fatos relacionados com o tema escolhido e fazer uma descrição da abordagem ou do tratamento da notícia em questão. A critério do professor, podem escolher uma notícia recente ou algo que já tenha ocorrido há dias ou semanas, mas que ainda suscite discussão. Pelo menos dois alunos devem, utilizando diferentes meios de comunicação, acessar a mesma notícia. Ao longo do desenvolvimento desta atividade, estabeleça uma discussão a respeito da democratização dos meios de comunicação no Brasil. Se possível, compare com modelos e leis internacionais de imprensa. O modelo que predomina no país pode ser considerado democrático? O que pensam professor e alunos?

Módulo 3

Na aula, os alunos devem dizer por que escolheram aquela notícia e aquele determinado meio. Precisam ainda expor o tratamento dado à informação e compará-la nos diferentes canais escolhidos. Considerando que pelo menos dois alunos podem compará-las, estimule uma discussão sobre as semelhanças e as diferenças da abordagem. A forma como foi veiculada a notícia pareceu favorecer alguém? Peça aos alunos que falem a respeito questionando-os sobre as percepções que tiveram. Qual meio midiático foi o mais escolhido por eles? Por quê? O que essas escolhas revelam? O que entendem por liberdade de imprensa e como veem a influência das comunicações na opinião pública?

Avaliação

Avalie a relevância do tema escolhido, o envolvimento dos alunos com a atividade e o aprofundamento que alcançaram em suas análises.

REFERÊNCIAS BIBLIOGRÁFICAS

AMIN, Samir. ¿Globalización o apartheid a escala global? **Globalización:** Revista Web Mensual de Economía, Sociedad y Cultura, set. 2001a. Disponível em: <http://rcci.net/globalizacion/2001/fg193.htm>. Acesso em: 5 jan. 2015.

_____. Imperialismo y globalización. **Globalización:** Revista Web Mensual de Economía, Sociedad y Cultura, jun. 2001b. Disponível em: <http://rcci.net/globalizacion/2001/fg175.htm>. Acesso em: 5 jan. 2015.

BARBOSA, Wilson do N. Globalização: uma péssima parceria. **Revista da Fundação Seade.** Capitalismo: ciclos e crises atuais, v. 12, n. 3, 1997, p. 78-88. Disponível em: <www.seade.gov.br/wp-content/uploads/2014/07/v12n3.pdf>. Acesso em: 5 jan. 2015.

BATISTA JR., Paulo N. **Mitos da globalização**. São Paulo: Pedex, 1998.

BAUMAN, Zygmunt. **Globalização:** as consequências humanas. Rio de Janeiro: Jorge Zahar, 1999.

BRASIL. Agência Nacional de Telecomunicações (Anatel). **Abril de 2015 fecha com 283,52 milhões de acessos móveis**. 19 maio 2015. Disponível em: <www.anatel.gov.br/institucional/index.php?option=com_content&view=article&id=476>. Acesso em: 21 maio 2015.

_____. Ministério da Educação. Secretaria de Educação Básica. **Orientações curriculares para o Ensino Médio:** ciências humanas e suas tecnologias. Brasília, 2008.

_____. Ministério da Educação. Secretaria de Educação Média e Tecnológica. **Parâmetros Curriculares Nacionais:** Ensino Médio. Brasília, 1999.

COSTA, Edmilson. **A globalização e o capitalismo contemporâneo.** São Paulo: Expressão Popular, 2008.

DURAND, Marie-Françoise et al. **Atlas da mundialização:** compreender o espaço mundial contemporâneo. São Paulo: Saraiva, 2009.

FÓRUM SOCIAL MUNDIAL (FMS). **Memória FMS**. [S.l.]. Disponível em: <www.forumsocialmundial.org.br/main.php?id_menu=19&cd_language=1>. Acesso em: 8 jan. 2015.

FRIEDMAN, Milton. **Capitalismo e liberdade**. 3. ed. São Paulo: Nova Cultural, 1988.

GERBIER, Bernard. La continentalisation, véritable objet de la mondialisation. **La Pensée journal**, Paris, n. 309, p. 27-40, jan.--fev.-mar. 1997.

GIL, Gilberto. **Parabolicamará**. São Paulo: Warner Music, 1992. Disponível em: <http://www.gilbertogil.com.br/sec_disco_info.php?id=386&letra>. Acesso em: 8 dez. 2015.

HAYEK, Friedrich A. **O caminho da servidão**. 5. ed. Rio de Janeiro: Instituto Liberal, 1990.

HIRST, Paul; THOMPSON, Grahame. **Globalização em questão**. 4. ed. Petrópolis: Vozes, 1998.

IANNI, Octavio. **Teorias da globalização**. 5. ed. Rio de Janeiro: Civilização Brasileira, 1999.

RITZER, George. **The McDonaldization of society**. Thousand Oaks: Pine Forge, 1995.

SANTOS, Boaventura de S. **A globalização e as ciências sociais**. 3. ed. São Paulo: Cortez, 2005.

SANTOS, Milton. **Por uma outra globalização:** do pensamento único à consciência universal. 10. ed. Rio de Janeiro: Record, 2003.

SINGER, Paul. A globalização e o Brasil no fim do segundo milênio. **Teoria e Debate**, n. 44, abr.-jun. 2000. Disponível em: <www.teoriaedebate.org.br/materias/internacional/globalizacao-e-o-brasil-no-fim-do-segundo-milenio>. Acesso em: 5 jan. 2015.

THE WORLD BANK. **Data:** GDP (current US$). Washington, DC, 2015a. Disponível em: <http://data.worldbank.org/indicator/NY.GDP.MKTP.CD?page=3>. Acesso em: 12 jan. 2015.

_____. **Data:** Unemployment, total (% of total labor force) (modeled ILO estimate). Washington, DC, 2015b. Disponível em: <http://data.worldbank.org/indicator/SL.UEM.TOTL.ZS/countries?order=wbapi_data_value_2013%20wbapi_data_value%20wbapi_data_value-last&sort=desc&display=default>. Acesso: 11 jan. 2015.

THE WORLD'S biggest companies 2015. **The Telegraph**, 2015. Disponível em: <www.telegraph.co.uk/finance/globalbusiness/10002790/The-worlds-biggest-companies.html>. Acesso em: 8 jan. 2015.

Sugestões de leitura

ALVES, Júlia Falivene. **A invasão cultural norte-americana.** 26. ed. São Paulo: Moderna, 1996.

BRASIL. Ministério da Educação. Secretaria de Educação Básica. **Orientações curriculares para o Ensino Médio:** ciências humanas e suas tecnologias. Brasília, 2008.

_____. Ministério da Educação. Secretaria de Educação Média e Tecnológica. **Parâmetros Curriculares Nacionais:** Ensino Médio. Brasília, 1999.

CATANI, Afrânio M. **O que é capitalismo.** 22. ed. São Paulo: Brasiliense, 1986.

CHAUÍ, Marilena de Souza. **Simulacro e poder:** uma análise da mídia. São Paulo: Fundação Perseu Abramo, 2006.

IANNI, Octavio. **A era do globalismo.** 6. ed. Rio de Janeiro: Civilização Brasileira, 2001.

KUCINSKI, Bernardo. **O que são multinacionais.** São Paulo: Brasiliense, 1996.

MARTINEZ, Paulo. **Multinacionais:** desenvolvimento ou exploração? 20. ed. São Paulo: Moderna, 1996.

MERCONDES FILHO, Ciro. **Sociedade tecnológica.** São Paulo: Scipione, 1994.

SANTOS, Milton. **Por uma outra globalização:** do pensamento único à consciência universal. 10. ed. São Paulo: Record, 2003.

SINGER, Paul. **O capitalismo:** sua evolução, sua lógica e sua dinâmica. 11. ed. São Paulo: Moderna, 1987.

WALLERSTEIN, Immanuel. **Capitalismo histórico & civilização capitalista.** Rio de Janeiro: Contraponto, 2001.

Sugestão de filme

MUITO ALÉM DO PESO. Direção: Estela Renner. Produção: Marcos Nisti, Juliana Borges. Fotografia: Renata Ursaia. Montagem: Jordana Berg. Música: Jukebox. Brasil: Maria Farinha Filmes, 2012. (84 min).

TEMPOS MODERNOS. Direção: Charles Chaplin. Produção: Charles Chaplin. Roteiro: Charles Chaplin. Elenco: Allan Garcia, Charlie Chaplin, Chester Conklin, Hank Mann, Henry Bergman, Louis Natheaux, Paulette Goddard. Fotografia: Ira H. Morgan, Roland Totheroh. Trilha Sonora: Alfred Newman, Charles Chaplin. Estados Unidos, 1936. (87 min).

4

Blocos econômicos

A formação de blocos econômicos com o objetivo de promover a integração regional e abrir as fronteiras dos Estados-membros ao comércio internacional é um movimento importante que ocorre no chamado mundo globalizado. O fortalecimento desses blocos, que possuem importância substancial para a economia de muitos países, ocorreu durante a chamada nova ordem mundial, em fins do século XX. Nesse período, os interesses econômicos passaram a ser os mais importantes na disputa da hegemonia.

Tema recorrente no ensino de geografia, o estudo da formação e do desenvolvimento de blocos econômicos, bem como do papel deles na atualidade, é essencial para que os alunos compreendam a dinâmica do mundo globalizado. Da mesma forma que guerras são declaradas para atender aos interesses de determinados governos e/ou setores empresariais, a criação de blocos econômicos também é uma ação geopolítica, cujo objetivo e poder de alcance variam de acordo com a complexidade de cada região. Ainda que representem uma integração que envolva distintos interesses, pode fortalecer os vínculos entre Estados-membros, proporcionando o desenvolvimento de uma identidade regional.

Considerando que os motivos para a criação de um bloco sejam variados, podemos destacar, dentre os que estimulam a integração econômica entre Estados, o fato de determinada região ou país ter plenas condições de atender a outros com os recursos que possui. Também pode ocorrer o contrário, quando uma região ou país não produz nem oferece todos os bens e serviços de que seus habi-

> **Integração:** De acordo com Durand e outros, há diferentes níveis de integração regional. O primeiro é a simples *zona de livre-comércio*, destinada a suprimir barreiras comerciais entre os Estados do conjunto regional. Se os Estados da zona de livre-comércio fixam uma tarifa exterior comum, criam uma *união alfandegária*, segundo degrau da integração. Os *mercados comuns* permitem, ainda, a livre circulação dos fatores de produção, mão de obra e capital. Enfim, as *uniões econômicas e monetárias* procuram harmonizar as políticas econômicas, orçamentárias e monetárias e preveem importantes transferências de soberania (2009, p. 151, grifos dos autores).

> **Blocos:** Para Haesbaert, haveria o que o autor denomina "blocos internacionais de poder", que seriam os "blocos econômicos" – analisados »»

»» neste capítulo sob outra perspectiva –, os "blocos político-militares" – em que China estaria em ascensão e CEI/Rússia, Estados Unidos e Otan em declínio – e as "grandes áreas culturais" (1998).

Divisão internacional do trabalho: "Divisão técnica, social e espacial do trabalho dentro dos segmentos de produção das empresas. Apoia-se na revolução dos transportes marítimos e aéreos e no desenvolvimento das tecnologias de informação que permitem o desenvolvimento das empresas em escala mundial, utilizando, na melhor perspectiva possível de seus interesses, os recursos de cada espaço. Nos custos totais de produção das empresas, o valor relativo ao transporte por navios gigantes e por contêineres diminuiu, o da mão de obra continua elevado e o da pesquisa e desenvolvimento (P&D) aumenta. [...] Certos países constituem nichos de mão de obra qualificada e beneficiam-se da revolução das tecnologias de informação (Índia, Leste Europeu); outros, demonstram uma grande capacidade de reorganização dos segmentos produtivos (Coreia do Sul, Taiwan e, parcialmente, a China) (DURAND et al., 2009, p. 145).

Tarifa externa comum (TEC): Com a TEC, todos os países do Benelux deveriam, a partir de sua implantação, aplicar a mesma taxação em relação à importação »»

tantes necessitam e que sejam importantes a seu desenvolvimento, em virtude de fatores como escassez de recursos naturais ou não domínio de técnicas de produção. Em certo sentido, pode ser mais vantajoso aplicar o princípio da divisão internacional do trabalho, quando uma região ou país se especializa em atividades produtivas para realizar trocas entre os membros do bloco.

Como afirma Ianni:

> *A nova onda são as estratégias de integração regional, os novos subsistemas do capitalismo mundial. Integração articulada por governos e empresas, setores públicos e privados, conforme as potencialidades dos mercados, dos fatores de produção ou das forças produtivas. A partir daí surgiu a união de países em blocos regionais, devido à proximidade de suas fronteiras, visando a liberalização de barreiras alfandegárias e fiscais ao comércio internacional, bem como, com a utilização de uma moeda única que facilitasse as negociações. (1996, p. 118-119)*

4.1 BLOCOS DE DESTAQUE

União Europeia

Embora exista formalmente como União Europeia (UE) desde fevereiro de 1992, o embrião do que seria o mais desenvolvido, estruturado e ambicioso bloco econômico do mundo, começou a ser gestado muito antes, na década de 1940.

Ainda durante a Segunda Guerra Mundial, os governos de Bélgica, Países Baixos e Luxemburgo concordaram em instituir uma cooperação mais estreita, que resultou em um acordo firmado em Londres, em 1944, para a criação do Benelux, acordo histórico que foi constituído inicialmente, em 1948, como uma união aduaneira. Portanto, naquele ano, entrou em vigor o que pode ser chamado pontapé inicial da União Europeia: os três países isentaram seu comércio mútuo de direitos alfandegários – promovendo a livre circulação de mercadorias – e aplicaram uma tarifa externa comum (TEC) para o comércio com outros países.

Com o tempo, o tratado que gerou o Benelux abrangeu novas áreas de cooperação entre seus membros, alargando e aprofundando a cooperação econômica e tornando-se um modelo aos demais países europeus.

Em 1951, Bélgica, Países Baixos e Luxemburgo se uniram à então Alemanha Ocidental, à França e à Itália para formalizar, por meio do Tratado de Paris, a criação da Comunidade Europeia do Carvão e do Aço (Ceca), que visava colocar suas indústrias pesadas de carvão e aço sob um comando comum. A Ceca entrou em vigor em 1952. Encorajados pelo êxito do tratado sobre o carvão e o aço, os seis países ampliaram sua cooperação a outros setores econômicos ao assinar o Tratado de Roma, em 1957, que criou a Comunidade Econômica Europeia (CEE), ou o "mercado comum", cujo objetivo era a livre circulação de pessoas, mercadorias e serviços entre os Estados-membros.

Os seis países que criaram a CEE são considerados os fundadores da União Europeia que, desde então, não parou de receber adesões. Entre 1973 e 1986, ingressaram mais seis países: Reino Unido, Dinamarca e Irlanda (1973); Grécia (1981); e Portugal e Espanha (1986). Esses constituíram a chamada Europa dos Doze. Entre 1995 e 2013, ingressaram mais dezesseis Estados: Suécia, Áustria e Finlândia (1995); Estônia, Letônia, Lituânia, Polônia, República Tcheca, Eslováquia, Hungria, Eslovênia, Malta e Chipre (2004) – naquela que foi a maior expansão do bloco de uma só vez –; Romênia e Bulgária (2007); e Croácia (2013). Juntos, os países da UE fecharam 2013 com um produto interno bruto (PIB) de aproximadamente 17,96 trilhões de dólares (THE WORLD BANK, 2015b). Em 2014, a população alcançou 508 milhões de habitantes. Em junho de 2016, após a realização de um plebiscito, o povo britânico, em uma decisão sem precedentes, com 51,9% dos votos, decidiu pela saída do Reino Unido da União Europeia, que, a partir dessa data, passou a contar com 27 Estados-membros.

A moeda única europeia tornou-se objetivo oficial da CEE em 1969. Porém, foi apenas com o Tratado de Maastricht, assinado em 1992 – efetivamente em vigor a partir de novembro de 1993 – instituindo a União Europeia, é que foram sedimentadas as bases para a sua criação. O euro foi oficialmente lançado e passou a substituir gradativamente as antigas e tradicionais moedas nacionais em 1999. Em 2002, após o período de dupla circulação, tornou-se a moeda única de doze países, promovendo a união econômica e monetária do bloco. Desde então, a chamada "zona do euro" cresceu e passou a ter dezenove países, sendo a Lituânia o mais recente integrante, admitido em janeiro de 2015.

A política monetária da UE é da responsabilidade de uma entidade independente, o Banco Central Europeu (BCE), cujo principal objetivo é manter a estabilidade dos preços. Cabe também ao BCE fixar as taxas de juro de referência para a zona do euro. Embora os impostos continuem a ser cobrados

---

»» realizada com países de fora do grupo com o objetivo de abolir a concorrência no bloco. Na prática, isso implicava, por exemplo, que a Bélgica não poderia decidir sozinha a redução da taxação sobre determinado produto que ela comprasse, por exemplo, da Arábia Saudita em troca de algum benefício no mercado daquele país. Para mudar a taxa, era preciso fazer um "acordo interno" com Países Baixos e Luxemburgo que, no caso, também deveriam reduzi-las.

Disponível em: <http://election.news.sky.com/referendum>. Acesso em: 7 jul 2016.)

27 Estados-membros: De acordo com a página oficial da União Europeia na internet, vários outros países estariam a caminho da adesão ao bloco, como Albânia, Macedônia, Islândia, Montenegro, Sérvia e Turquia.

pelos países da UE, cada um dos quais determina o seu próprio orçamento, os governos nacionais definiram normas comuns em matéria de finanças públicas para poderem coordenar a sua ação de forma a fomentar a estabilidade, o crescimento e o emprego. (UNIÃO EUROPEIA, 2015b)

Página oficial do bloco na internet: O texto que aborda o funcionamento das instituições e dos organismos europeus é uma paráfrase das informações do site oficial do bloco (UNIÃO EUROPEIA, 2015a).

A página oficial do bloco na internet define da seguinte maneira sua constituição e seu funcionamento, versando sobre instituições, organismos, prioridades e legislação:

- Conselho Europeu: reúne dirigentes nacionais e da UE – chefes de Estado e de governo dos Estados-membros e presidente da Comissão Europeia. O Conselho Europeu desempenha essencialmente duas funções: definir a direção e as prioridades políticas gerais e resolver determinadas questões que, por sua complexidade ou sensibilidade, não podem ser resolvidas em nível inferior ao da cooperação intergovernamental. Embora fundamental na definição da agenda política da UE, não tem poder legislativo.

- Parlamento Europeu: com poder legislativo, é formado pelos chamados eurodeputados, que são os representantes eleitos diretamente pelos cidadãos dos países-membros. O Parlamento Europeu desempenha três funções principais: debate e aprova a legislação da UE (com o Conselho); exerce controle sobre outras instituições, a fim de assegurar que funcionem de forma democrática; e debate e aprova o orçamento da UE (com o Conselho).

- Comissão Europeia: representa e defende os interesses da UE, prepara os projetos de legislação e assegura a execução das políticas e dos fundos do bloco. Seus membros são designados pelos governos nacionais.

- Conselho da União Europeia: onde os países defendem seus próprios interesses nacionais e os ministros de cada Estado-membro se reúnem para adotar alguma legislação e assegurar a aplicação das políticas da UE. Entre outras ações destacam-se: aprovar a legislação e o orçamento anual do bloco; coordenar as políticas econômicas gerais, promovendo a cooperação entre os tribunais e as forças policiais dos países-membros; assinar acordos entre a UE e outros países; definir as políticas externas e de defesa da UE.

Todos os procedimentos que as instituições da União Europeia devem observar, entre os quais os poderes e as responsabilidades que possuem e as regras que devem seguir, são definidos nos tratados assinados pelos líderes de todos os Estados-membros e ratificados pelos parlamentos nacionais, para então serem reconhecidos.

Entre outras importantes instituições da UE e o papel que desempenham, destacamos:

- Tribunal de Justiça: garante o cumprimento da legislação e sua aplicação uniforme em todos os Estados-membros. Além disso, resolve os litígios envolvendo as instituições europeias com governos nacionais, empresas e outras organizações.

- Tribunal de Contas: fiscaliza o financiamento das atividades e controla as finanças da UE. Busca melhorar a gestão financeira e verificar como é usado o dinheiro público. Suas conclusões são apresentadas à comissão e aos governos dos países-membros.

- Banco Central Europeu (BCE): responsável pela estabilidade do sistema financeiro, pela definição e execução das políticas econômica e monetária europeias, pela gestão do euro e por assegurar a estabilidade dos preços. Atua em conjunto com os bancos centrais dos 27 países da UE, que formam o Sistema Europeu de Bancos Centrais (SEBC). O BCE também coordena a estreita colaboração entre os bancos centrais da zona do euro. A cooperação entre esse grupo mais reduzido de bancos é denominada Eurossistema.

- Comitê Econômico e Social Europeu: representa a sociedade civil. Trata-se de uma assembleia consultiva que proporciona a grupos interessados, principalmente sindicatos, associações patronais e associações de agricultores, a oportunidade de se pronunciar oficialmente sobre propostas legislativas.

Nafta

Precedido pelo Tratado de Livre Comércio, de 1989, existente entre Canadá e Estados Unidos, o Acordo Norte-Americano de Livre Comércio, ou Nafta (sigla em inglês de *North American Free Trade Agreement*), entrou em vigor em 1994, após o ingresso formal do México no bloco no final de 1992. Criado com o objetivo de promover a abertura e a expansão do mercado em toda a América do Norte, é um tratado de livre comércio que estabelece regras para os investimentos e o funcionamento do mercado entre os três países envolvidos.

De acordo com seus entusiastas, em especial os governos desses países, trata-se de um acordo inovador por eliminar sistematicamente barreiras tarifárias e estimular um quadro de estabilidade e confiança para investimentos em longo prazo entre os membros. Afirmam também que, desde sua implantação, os níveis de comércio e investimentos aumentaram significativamente na região, gerando um crescimento econômico sólido, com a criação de novos postos de trabalho, a produção de bens de consumo mais baratos e variados e o benefício a produtores, empresas e consumidores. Além disso, com as vantagens mercadológicas criadas pelo Nafta, as empresas sediadas na América do Norte obtiveram mais investimentos, melhor acesso a materiais, tecnologia e talentos disponíveis em todo o território do bloco. Isso ajudou a torná-las mais produtivas e competitivas perante o mundo, garantindo crescimento sustentado e prosperidade.

Por outro lado, o bloco da América do Norte, desde sua implantação, tem sido alvo de muitas críticas. Aqui, destacamos algumas. O acordo representaria apenas mais uma forma de expansão do domínio estadunidense no continente, que almejaria algo muito maior que um bloco com apenas três países (a chamada Iniciativa para as Américas, como veremos adiante, seria a confirmação desse argumento). Por se tratar de uma integração puramente econômica, com o claro objetivo de tornar ainda mais vantajosas as relações comerciais dos Estados Unidos com os demais membros – especialmente em relação ao México, que possui a economia mais frágil e é o único país emergente entre os três –, esse bloco não seria sinônimo de desenvolvimento equânime, pois verifica-se a exploração de matérias-primas em território mexicano, a abundante e mais barata mão de obra e o usufruto das benesses fiscais concedidas pelo governo. Além disso, com a realização de certos investimentos, um dos grandes objetivos do bloco seria desestimular o deslocamento de mexicanos para os Estados Unidos, diminuindo a incidência da entrada ilegal de imigrantes em seu território.

O Nafta apresenta um grande desnível entre as economias de seus membros. Os Estados Unidos encerraram 2013 com PIB de 16,77 trilhões de dólares, sendo, de longe, como se sabe, a maior economia mundial. No mesmo ano, Canadá e México, apresentaram, respectivamente, PIB de 1,82 trilhão de dólares e 1,26 trilhão de dólares. Somadas, portanto, as três economias alcançaram em 2013 um PIB de 19,85 trilhões de dólares (THE WORLD BANK, 2015a). De acordo com a mesma fonte, em relação à população, em 2014, os Estados Unidos tinham 319 milhões de habitantes, o Canadá apresentava apenas 35,3 milhões de habitantes e o México, 123,7 milhões de habitantes.

Isso confere ao Nafta, sob o olhar do capital, um mercado consumidor de mais de 478 milhões de pessoas.

Um dos principais objetivos subentendidos na criação do Nafta, se não o principal, estaria na proposta do então presidente estadunidense George Bush (pai), quando, em 1990, apresentou o que foi chamado Iniciativa para as Américas, projeto considerado o embrião da criação de um bloco que envolveria 34 dos 35 países do continente e que fora denominado Área de Livre Comércio das Américas (Alca). Tal iniciativa apresentava três pilares: expansão do comércio entre os países do continente, elevação dos investimentos e redução das dívidas dos países da América Latina. Essa proposta criaria, portanto, uma agenda econômica entre os Estados Unidos, o Canadá e o México – naquele momento em negociação com o que viria a ser o Nafta – e o restante do continente.

Logo, o objetivo traçado para a Alca é que fosse a expansão do Nafta, pois sua proposta "dialogava" com a conjuntura internacional de um período marcado pelo fim da Guerra Fria – com a queda do Muro de Berlim e a iminente crise do bloco soviético – e pela ascensão da União Europeia. Desse modo, podemos dizer que havia um elemento inovador no discurso de Bush, que se baseava na criação de um processo de tomada de decisões a fim de evoluir para a criação de uma zona de livre comércio no continente americano.

> **Em negociação:** É importante lembrar que as negociações com o México para a criação do Nafta foram iniciadas em 10 de junho de 1990 e a proposta de Bush, intitulada "Iniciativa para as Américas", foi apresentada no dia 27 do mesmo mês, portanto, apenas dezessete dias depois.

A Iniciativa para as Américas revelava um renovado interesse dos Estados Unidos na América Latina. Sem dúvida, o interesse geopolítico estadunidense por essa parte do continente determinou que o primeiro passo a ser dado nesse sentido seria a criação do Nafta, envolvendo um importante país latino-americano. A partir do acordo estabelecido com o México, a porta de entrada estaria aberta para que a proposta de integração se concretizasse.

Formalmente, a Alca foi apresentada pelos Estados Unidos em 1994 durante a realização da Cúpula das Américas, quando foram assinados a Declaração de Princípios e o Plano de Ação, estabelecendo prazo para que entrasse em vigor até o final de 2005. Embora as negociações para sua implantação tenham ocorrido em diversos encontros, não houve os avanços esperados. O impasse se deu em virtude de marcantes mudanças que ocorreram no cenário político latino-americano, em que líderes de esquerda foram galgados aos governos de alguns países importantes e passaram a contestar o projeto em questão que ficou, desde então, arquivado.

Entre as principais dificuldades para os avanços na implantação da Alca e sobre as quais não existiram acordos, estavam

Hugo Chávez: Hugo Chávez Frías (1954-2013) foi presidente da Venezuela entre 1999 e 2013. Vitorioso em quatro eleições consecutivas, tinha amplo apoio popular. Foi considerado líder da chamada Revolução Bolivariana, com a qual pretendia instalar o "Socialismo do Século XXI" em seu país. Polêmico e ao mesmo tempo carismático, promoveu reformas na Venezuela que reduziram significativamente a pobreza da maioria da população. Opositor do modelo neoliberal, foi crítico ferrenho da política externa estadunidense.

Aliança Bolivariana para as Américas (Alba): Segundo seus componentes, ao terem optado por formar/compor a Alba, escolheram uma aliança política e estratégica que pode genuinamente levar a região ao pleno desenvolvimento. Isso porque a Alba se estabeleceu como uma alternativa para o intercâmbio justo, sem a preponderância de acordos que priorizem o capital e o comércio, mas sim a colaboração mútua, atendendo às necessidades prioritárias de cada membro da América Latina e do Caribe. Em janeiro de 2015, a Alba contava com a adesão de nove Estados: Antígua e Barbuda, Bolívia, Dominica, Equador, Nicarágua, Santa Lúcia, São Vicente e Granadinas e Venezuela (FUNDACIÓN EMANCIPACIÓN, 2015).

os pontos relativos aos protecionismos, ou seja, medidas governamentais que provocavam entraves ao comércio exterior. O Brasil, por exemplo, que acusava o governo dos Estados Unidos de oferecer subsídios a sua agropecuária para protegê-la da concorrência estrangeira, passou a exigir mudanças nessa política estadunidense que contradizia o projeto da Alca. Outro fator que dificultou a implantação dessa zona de livre comércio foi o recrudescimento das relações entre os governos da Venezuela e dos Estados Unidos. Com a chegada do presidente Hugo Chávez ao governo venezuelano, esse país passou a ter maior aproximação com Cuba, que estava fora das negociações. Após o rompimento com a Alca, os governos venezuelano e cubano assinaram, em dezembro de 2004, um acordo que ficou conhecido como Aliança Bolivariana para as Américas (Alba).

Mercosul

Durante muito tempo, tinha-se a impressão de que os países sul-americanos estavam permanentemente de costas uns para os outros. Mais ou menos como se os países banhados pelo Atlântico não olhassem para os do Pacífico e vice-versa. Seria por causa da altitude da magnífica Cordilheira dos Andes?

Quando feito, o necessário diálogo era, preferencialmente, com as antigas metrópoles localizadas na Europa ou com a superpotência dominante localizada no norte da América. Um diálogo pautado pela submissão. Essa situação pode ser interpretada como resultado da histórica subordinação à vontade dos antigos colonizadores, que já estimularam vizinhos a se enfrentar até dizimar uma população, como ocorreu na Guerra do Paraguai, e subjugaram uma das nações mais importantes da América do Sul, em outra guerra, mais recente, nas ilhas Malvinas. Nesse contexto, também se poderia falar da fragilidade e da dependência econômica, em que vultosas dívidas saquearam as nações e contribuem, ainda hoje, para que profundas desigualdades subsistam na América do Sul.

Apesar de certos acontecimentos históricos parecerem contribuir com o distanciamento entre os países deste continente, em 26 de março de 1991, Argentina, Brasil, Paraguai e Uruguai, contrariando expectativas, assinaram o Tratado de Assunção, com vistas a criar o Mercado Comum do Sul (Mercosul), que pode ser considerado um amplo projeto regional de integração econômica, política e social.

Não há, entretanto, consenso entre especialistas sobre a viabilidade do Mercosul, muitos afirmam até que o fracasso desse bloco é questão de tempo. Não se pode afirmar que o modelo desse tipo de integração é capaz de resolver os problemas da região, mesmo porque essa não é a proposta, mas podemos dizer que teve um significado muito importante ao buscar o fortalecimento regional em lugar da integração do continente como apontado pela Iniciativa para as Américas.

> *O objetivo primordial do Tratado de Assunção é a integração dos quatro Estados Partes por meio da livre circulação de bens, serviços e fatores produtivos, do estabelecimento de uma Tarifa Externa Comum (TEC), da adoção de uma política comercial comum, da coordenação de políticas macroeconômicas e setoriais, e da harmonização de legislações nas áreas pertinentes. (BRASIL, 2015b)*

O Mercosul permaneceu composto de seus fundadores por 21 anos, até a entrada formal da Venezuela em agosto de 2012. No mesmo ano, foi assinado o Protocolo de Adesão da Bolívia, que pode ser o sexto membro pleno do bloco. Além dos Estados Partes que são membros definitivos e do processo de adesão da Bolívia, são Estados Associados ao Mercosul: Chile (1996), Peru (2003), Colômbia e Equador (2004), e Guiana e Suriname (2013).

De acordo com as informações disponíveis na página brasileira do Mercosul na internet (BRASIL, 2015a), o bloco sustenta-se em três pilares: o econômico-comercial, o social e o da cidadania.

No aspecto econômico, o Mercosul adota o caráter de união aduaneira em fase de consolidação, com matizes de mercado comum entre seus Estados Partes, conforme estabelece o Tratado de Assunção. Todavia, o bloco ainda não se caracteriza como uma união aduaneira completa apesar da implantação da tarifa externa comum (TEC) ter ocorrido já em 1995. Ocorre que outra importante medida, característica da união aduaneira e ainda não adotada, envolve a formação de uma zona de livre circulação de mercadorias entre os membros. No aspecto social, tenta-se a articulação de políticas públicas regionais em assuntos como erradicação da pobreza e da fome, universalização da educação e da saúde pública, defesa do trabalho digno e valorização e promoção da diversidade cultural. Em relação à cidadania, busca-se a implantação de políticas que admitam a livre circulação de pessoas e a promoção de direitos econômicos, sociais, culturais e civis para os cidadãos dos países do bloco,

Integração: Um exemplo de integração que não tem o comércio como foco principal e que, por essa razão, pode ser entendido como algo mais abrangente está presente na proposta feita em 2004, durante a Reunião de Presidentes da América do Sul, realizada em Cuzco (Peru). Naquela ocasião, surgiu a Comunidade Sul-Americana de Nações (CSN), que posteriormente tornou-se a União de Nações Sul-Americanas (Unasul). Trata-se de um grupo intergovernamental, formado por doze países da América do Sul: Argentina, Bolívia, Brasil, Colômbia, Chile, Equador, Guiana, Paraguai, Peru, Suriname, Uruguai e Venezuela. Os desafios declarados são: construir uma integração cultural, econômica, social e política respeitando a realidade de cada nação; extinguir a desigualdade socioeconômica; alcançar a inclusão social; aumentar a participação cidadã; fortalecer a democracia e reduzir as assimetrias, considerando a soberania e a independência dos Estados. É importante lembrar que não se trata de um bloco econômico, mas sim de um projeto regional de integração mais amplo e plural que visa também a "consolidação de uma identidade sul-americana por meio do reconhecimento progressivo dos direitos dos cidadãos de um Estado-membro residentes em qualquer um dos outros Estados-membros, a fim de alcançar uma cidadania sul-americana" (UNASUR, 2015).

106 Geografia

Formado por diversos órgãos: O texto que aborda o funcionamento dos órgãos do Mercosul é uma paráfrase das informações constantes em suas páginas da internet.

bem como a garantia de igualdade de condições e de acesso ao trabalho, à saúde e à educação.

Em 1994, foi aprovado o Protocolo de Ouro Preto, que criou e organizou a estrutura institucional do bloco, dotando-o de personalidade jurídica internacional. O bloco é formado por diversos órgãos, os quais cuidam de temas variados, como agricultura familiar, direitos humanos, gênero, saúde e cinema. Os órgãos decisórios que compõem a estrutura institucional do Mercosul, conforme previsto no Protocolo de Ouro Preto, são: Conselho do Mercado Comum (CMC), Grupo Mercado Comum (GMC) e Comissão de Comércio do Mercosul (CCM).

O CMC é o órgão superior do Mercosul, ao qual cabe a condução política do processo de integração. Ele é formado pelos ministros de Relações Exteriores e pelos ministros da Economia, ou seus equivalentes, dos Estados Partes. O Conselho toma decisões com vistas a assegurar o cumprimento dos objetivos estabelecidos pelo Tratado de Assunção. O GMC é o órgão executivo do Mercado Comum. Entre suas funções e atribuições pode-se destacar: tomar as medidas necessárias ao cumprimento das decisões adotadas pelo CMC; negociar, por delegação do CMC, acordos em nome do Mercosul com países, grupos de países e organismos internacionais; e manifestar-se sobre propostas e recomendações submetidas pelos demais órgãos do bloco no âmbito de suas competências. Já a CCM, por sua vez, é um órgão decisório de viés técnico, encarregado de assistir o GMC no que diz respeito à política comercial do bloco. Entre suas funções estão: velar pela aplicação dos instrumentos comuns da política comercial e regular o comércio intrabloco e com outros países e organismos internacionais. As deliberações e diretrizes derivadas desses órgãos são obrigatórias para os Estados Partes.

Outro órgão bastante importante e significativo, embora não tenha caráter deliberativo, é o Parlamento do Mercosul, ou simplesmente, Parlasul. Sua criação baseou-se, sobretudo, na importância da participação dos parlamentos nacionais no aprofundamento e no fortalecimento do processo de integração. A composição atual do Parlasul foi definida em 2010, obedecendo ao critério da proporcionalidade da população de cada país-membro. A composição final prevista das bancadas – Brasil, 74; Argentina, 43; Venezuela, 33; e Paraguai e Uruguai, 18 cada, o número mínimo de representantes – está condicionada à realização de eleições diretas, previstas para ocorrer até 2020.

Outros importantes órgãos, embora não deliberativos, que compõem a estrutura institucional do bloco são: Foro Consultivo

Econômico-Social (FCES); Secretaria do Mercosul (SM); Tribunal Permanente de Revisão do Mercosul (TPR); Tribunal Administrativo-Trabalhista do Mercosul (TAL); Centro Mercosul de Promoção do Estado de Direito (CMPED).

Em 2013, os países do Mercosul somaram um PIB de 3,38 trilhões de dólares. A população do bloco alcançou, em 2014, 284,9 milhões de habitantes (THE WORLD BANK, 2015a).

4.2 OUTROS BLOCOS

Para que os alunos compreendam melhor a dinâmica que envolve a fomentação de blocos econômicos internacionais, consideramos importante que compreendam a existência de diferentes tipos de integração em outras partes do planeta. Além dos mais conhecidos e geralmente estudados, já analisados aqui, destacamos outros blocos, por continente, surgidos a partir da segunda metade do século XX. Têm como características principais impulsionar o desenvolvimento de outros expressivos processos de integração regional.

Na África

Comunidade Econômica dos Estados da África Ocidental

A Comunidade Econômica dos Estados da África Ocidental (CEDEAO) [*Economic Community of West African States (ECOWAS)*] foi fundada em 1975 com o Tratado de Lagos. Trata-se de um amplo bloco regional constituído de quinze países que tem por objetivo promover a integração econômica e comercial na região. Está subdividido em dois grupos: a União Econômica e Monetária da África Ocidental (UEMAO) e a Zona Monetária do Oeste Africano (WAMZ) [sigla em inglês de *West African Monetary Zone*]. São membros da CEDEAO: Benin, Burquina Faso, Costa do Marfim, Guiné, Mali, Níger, Senegal e Togo (oficialmente francófonos); Gâmbia, Gana, Libéria, Nigéria e Serra Leoa (oficialmente anglófonos) e Cabo Verde e Guiné-Bissau (oficialmente lusófonos).

Os países de língua francesa, com exceção da Guiné, pertencem à UEMAO, uma união aduaneira e monetária criada pelo Tratado de Dakar, em 1994, para promover a integração econômica entre os países que partilham o franco CFA como moeda comum. Em 1997, a Guiné-Bissau tornou-se o oitavo – e único não francófono – Estado-membro da organização. Cabo Verde é o único país que faz parte apenas da CEDEAO.

Os países-membros da UEMAO buscam maior integração regional. Eles aplicam tarifas externas unificadas, têm um sistema de contabilidade comum, fazem revisões periódicas das políticas macroeconômicas dos países-membros e regulamentam bolsas e sistemas bancários regionais.

A WAMZ, por sua vez, formada em 2000, reúne o grupo de cinco países anglófonos, mais a Guiné, que planejam introduzir uma moeda comum, forte e estável: o Eco, cujo lançamento está a cargo do Instituto Monetário da África Ocidental, com sede em Acra, capital de Gana.

O objetivo final da CEDEAO é que o franco CFA e o Eco futuramente se fundam, criando para toda a África Ocidental uma moeda única.

Comunidade de Desenvolvimento da África Austral

A Comunidade de Desenvolvimento da África Austral [*Southern African Development Community* (SADC)], fundada em 1992 com o Tratado de Windhoek, é uma comunidade econômica que compreende quinze Estados-membros: Angola, Botsuana, República Democrática do Congo, Lesoto, Madagascar, Malauí, Maurício, Moçambique, Namíbia, Seychelles, África do Sul, Suazilândia, Tanzânia, Zâmbia e Zimbábue.

Essa comunidade prevê a criação de uma área de livre comércio incentivando as transações intrarregionais e a busca de uma produção mais eficiente com a diversificação da industrialização da região. Por meio do esperado desenvolvimento econômico, baseado em princípios democráticos com desenvolvimento equitativo e sustentável, traçou seus principais objetivos: o estímulo à integração regional com a abertura dos mercados; a erradicação da pobreza com a criação de mais oportunidades de empregos e a garantia da paz e da segurança na África Austral.

Comunidade Econômica e Monetária da África Central

A Comunidade Econômica e Monetária da África Central (Cemac) [*Commission de la Communauté* Économique *et Monétaire de l'Afrique Centrale*] foi instituída em 1994 por meio do Tratado de N'Djamena. Constitui-se em um bloco com seis países: Camarões, Congo, Gabão, Guiné Equatorial, República Centro-Africana e Chade. O objetivo desse conjunto, conforme consta em sua página oficial na internet, é a criação de um mercado comum por meio de uma agenda planejada em três períodos de cinco anos cada – entre 2010 e 2025. A agenda visa cumprir as metas propostas: criar um mercado comum baseado na livre circulação de pessoas, bens, capitais e serviços; estabelecer um ambiente seguro para a realização de atividades econômicas e negócios em geral; harmonizar os regulamentos das políticas nacionais e assegurar a gestão estável de uma moeda comum.

União Africana

Criada em 2000 por meio da Declaração de Sirte, a União Africana (UA) [*African Union*] substituiu a Organização da Unidade Africana (OUA), fundada em 1963, e que, durante sua existência, concentrou esforços no apoio aos movimentos de libertação das jovens nações do continente do colonialismo. Também lutou contra o *apartheid*. Com exceção do Marrocos, todos os outros países africanos são membros, inclusive o território do Saara Ocidental.

Como forma de impulsionar a necessária integração continental, combatendo problemas econômicos, políticos e sociais e seguindo, em princípio, o modelo da União Europeia, os países africanos abriram caminho para o estabelecimento da UA para obter uma África integrada, próspera e pacífica.

No continente africano há, reconhecidamente, a necessidade de resolução de causas mais urgentes antes da criação de um bloco plenamente econômico. Os próprios países-membros da UA reconhecem que a instituição tem como finalidades primordiais promover a paz, a cooperação e a solidariedade no continente. Com muito esforço e pensando no futuro, acreditam que os avanços de que precisam devem ser frutos dos próprios africanos.

Os objetivos da UA são:

- Alcançar maior unidade e solidariedade entre os países africanos e os povos da África;
- Defender a soberania à integridade territorial e a independência dos seus Estados-membros;
- Conseguir a integração política e socioeconômica do continente;
- Promover e defender posições comuns sobre questões de interesse para o continente e seus povos;
- Incentivar a cooperação internacional, tendo em conta a Carta das Nações Unidas e a Declaração Universal dos Direitos Humanos;
- Promover paz, segurança e estabilidade no continente;

- Promover princípios, instituições democráticas, participação popular e boa governação;
- Promover e proteger os direitos humanos em conformidade com a Carta Africana dos Direitos da Pessoa Humana e outros instrumentos relevantes de direitos humanos;
- Estabelecer condições necessárias que permitam ao continente desempenhar seu papel na economia mundial e nas negociações internacionais;
- Promover o desenvolvimento sustentável em níveis econômico, social e cultural, bem como a integração das economias africanas;
- Promover a cooperação em todos os campos da atividade humana para elevar os padrões de vida dos povos africanos;
- Coordenar e harmonizar as políticas entre as comunidades econômicas regionais existentes e futuras para a realização gradual dos objetivos da União Africana;
- Avançar no desenvolvimento do continente por meio da promoção da pesquisa em todos os domínios, nomeadamente em ciência e tecnologia;
- Trabalhar com parceiros internacionais relevantes para a erradicação de doenças evitáveis e promoção da boa saúde no continente.

Na América

Associação Latino-Americana de Integração

A Associação Latino-Americana de Integração (Aladi) é um organismo intergovernamental criado com o Tratado de Montevidéu, em 1980. Ela substituiu a antiga Associação Latino-Americana de Livre Comércio (Alalc) de 1960.

Ainda que seus principais objetivos sejam de ordem econômica, esta associação também busca impulsionar a integração regional em outros âmbitos como o social e o tecnológico. De acordo com os objetivos traçados pelo conjunto dos países-membros, tem como meta final a criação de um mercado comum na América Latina. Por abranger treze países, a Aladi é considerada o maior grupo latino-americano de integração.

De acordo com a página da associação na internet, os países-membros originários são: Argentina, Bolívia, Brasil, Chile,

Colômbia, Equador, México, Paraguai, Peru, Uruguai e Venezuela. Cuba ingressou em 1999 e o Panamá em 2012. A Nicarágua, desde 2011, está em processo de adesão ao bloco.

A estrutura da Aladi é formada por três órgãos políticos: o Conselho de Ministros das Relações Exteriores, a Conferência de Avaliação e Convergência e o Comitê de Representantes. Também há a Secretaria Geral, considerada um órgão técnico.

Ainda conforme a informação oficial, os acordos previstos no Tratado de Montevidéu estabelecem os seguintes princípios gerais:

[...] pluralismo em matéria política e econômica, convergência progressiva de ações parciais para a criação de um mercado comum latino-americano, flexibilidade, tratamentos diferenciais com base no nível de desenvolvimento dos países-membros e multiplicidade nas formas de concertação de instrumentos comerciais.

A Aladi promove a criação de uma área de preferências econômicas na região, objetivando um mercado comum latino-americano, através de três mecanismos:

- *uma* preferência tarifária regional, *aplicada a produtos originários dos países-membros frente às tarifas em vigor para terceiros países;*

- acordos de alcance regional *(comuns a todos os países-membros); e*

- acordos de alcance parcial, *com a participação de dois ou mais países da área.*

(ASSOCIAÇÃO LATINO-AMERICANA
DE INTEGRAÇÃO, 2015, grifos do autor)

Associação dos Estados do Caribe

Originalmente chamado Mercado Comum e Comunidade do Caribe (Caricom), trata-se de um bloco de cooperação econômica e política criado em 1973 por diversos países e ilhas não independentes. Foi substituído, em 1994, pela Associação dos Estados do Caribe (AEC) [*Association of Caribbean States* (ACS)/ *Asociación de Estados del Caribe* (AEC)] , por meio de um acordo constitutivo assinado em Cartagena das Índias, na Colômbia.

Os objetivos da AEC são o fortalecimento da cooperação regional e do processo de integração, com o objetivo de criar um espaço econômico, e preservar a integridade ambiental do Mar do Caribe, que é considerado patrimônio comum dos povos da região, promovendo o desenvolvimento sustentável.

O bloco é constituído de 25 Estados-membros: Antígua e Barbuda, Bahamas, Barbados, Belize, Colômbia, Costa Rica, Cuba, Dominica, El Salvador, Granada, Guatemala, Guiana, Haiti, Honduras, Jamaica, México, Nicarágua, Panamá, República Dominicana, São Cristóvão e Névis, Santa Lúcia, São Vicente e Granadinas, Suriname, Trinidad e Tobago e Venezuela. Todos têm direito de voto nas reuniões do Conselho Ministerial e Comitês Especiais da Associação. Há também sete membros associados: Aruba, Curaçao, Guadalupe, Martinica, Sint Maarten, França (representando Guiana Francesa, Saint-Barthélemy e Saint-Martin) e Países Baixos (representando Bonaire, Saba e Sint Eustatius). Esses membros têm direito de intervenção e voto apenas a respeito de assuntos que os afetem diretamente.

Comunidade Andina de Nações

Criada em 1969 como Pacto Andino, a Comunidade Andina de Nações (CAN) [*Comunidad Andina*], passou a ter esse nome a partir de 1997. Atualmente é formada por Bolívia, Colômbia, Equador e Peru. Em 1989, os líderes andinos aprovaram o Projeto e o Plano de Trabalho Estratégico, por meio do qual os países eliminaram as tarifas entre si e, em 1993, formaram uma zona de livre comércio, aumentando o comércio regional em mais de 50% e gerando milhares de empregos.

Seus objetivos são:

- *Promover o desenvolvimento equilibrado e harmonioso dos países-membros em condições de equidade, por meio da integração e da cooperação econômica e social.*

- *Acelerar o crescimento e o trabalho de geração de empregos para os habitantes dos países-membros.*

- *Facilitar a participação dos países-membros no processo de integração regional, com vistas à formação gradual de um mercado comum latino-americano.*

- *Reduzir a vulnerabilidade externa e melhorar a posição dos países-membros no contexto econômico internacional.*

- *Fortalecer a solidariedade sub-regional e reduzir as diferenças de desenvolvimento entre os países membros.*

- *Fornecer uma melhoria constante na qualidade de vida dos habitantes da sub-região.*

(COMUNIDAD ANDINA, 2010)

União Centro-Americana

Originalmente denominado Mercado Comum Centro-Americano, em 1960, este bloco tem realizado esforços para criar a União Centro-Americana, que seria um bloco nos moldes da União Europeia. Para tanto, por meio do Protocolo da Guatemala, foi criada a Sieca, um grupo de trabalho técnico e administrativo que está encarregado de preparar a integração prevista para a região. São membros: Costa Rica, El Salvador, Guatemala, Honduras e Nicarágua. O Panamá é associado ao bloco.

Na Ásia e na Oceania

Associação de Nações do Sudeste Asiático

A Associação de Nações do Sudeste Asiático (Asean) [*Association of Southeast Asian Nations*] foi criada com a Declaração Bangcoc, em 1967. Seus fundadores foram Filipinas, Indonésia, Malásia, Cingapura e Tailândia. Brunei (1984), Vietnã (1995), Laos e Mianmar (1997), e Camboja (1999) completam o conjunto de Estados-membros.

Entre outros, tem como objetivos: acelerar o crescimento econômico, o progresso social e o desenvolvimento cultural na região; fomentar a colaboração e a assistência mútua em questões de interesse comum nos domínios econômicos, sociais, culturais, técnicos, científicos e administrativos; manter uma cooperação estreita e benéfica com organizações internacionais e regionais com objetivos e propósitos semelhantes; e explorar todas as vias para uma cooperação mais estreita entre si.

Área de Livre Comércio Asean-Austrália-Nova Zelândia

O acordo comercial envolvendo a Asean, a Austrália e a Nova Zelândia, conhecido como AANZFTA (sigla em inglês de *Asean-Australia-New Zealand Free Trade Area*), foi criado em 2010. Estabelece uma área de livre comércio com compromissos de redução e eliminação graduais de tarifas entre os países do bloco do Sudeste Asiático e as duas principais economias da Oceania. Os acordos também abrangem os setores de bens, serviços, investimentos e propriedade intelectual.

A Austrália, que possui acordos comerciais bilaterais com vários países do mundo, mantém com seu vizinho na Oceania o Acordo Comercial sobre Relações Econômicas entre Austrália e Nova Zelândia (ANZCERTA, sigla em inglês de *Australia New Zealand Closer Economic Relations Trade Agreement*).

Conselho de Cooperação do Golfo

Criado em 1981 e formado por Bahrein, Kuwait, Omã, Catar, Arábia Saudita e Emirados Árabes Unidos, o Conselho de Cooperação do Golfo (CCG) [*Gulf Cooperation Council (GCC)*] possui objetivos econômicos e sociais comuns. Sua estrutura institucional é bem consolidada e caracterizada por negociações entre os Estados constituintes, envolvendo temas educacionais, culturais, financeiros, turísticos, legislativos e administrativos. Essa integração regional também busca formular regulações conjuntas para o progresso técnico em setores como mineração, agropecuária, indústria, além de fomentar a pesquisa científica.

Cooperação Econômica Ásia-Pacífico

A Cooperação Econômica Ásia-Pacífico [*Asia-Pacific Economic Cooperation* (Apec)] é um fórum econômico criado em 1989 para estimular a crescente interdependência da região da Ásia-Pacífico. Trata-se de uma importante associação, pois reúne algumas das maiores economias do mundo. É gigante em termos de produto interno bruto, área de abrangência – fazem parte países da Ásia, da América, da Oceania, além da Rússia e de Hong Kong – e diversidade política, social e cultural. Trata-se do maior bloco econômico do mundo. Formado por 21 economias, procura, entre outros objetivos, estimular o comércio de produtos e serviços; reduzir as tarifas alfandegárias e taxas de importação e exportação nas relações comerciais; proporcionar prosperidade; e gerar crescimento sustentável.

Fazem parte da Apec: Austrália, Brunei, Canadá, Chile, China, Hong Kong (China), Cingapura, Coreia do Sul, Estados Unidos, Filipinas, Indonésia, Japão, Malásia, México, Nova Zelândia, Papua-Nova Guiné, Peru, Rússia, Tailândia, Taiwan e Vietnã.

Capítulo 4 Blocos econômicos 115

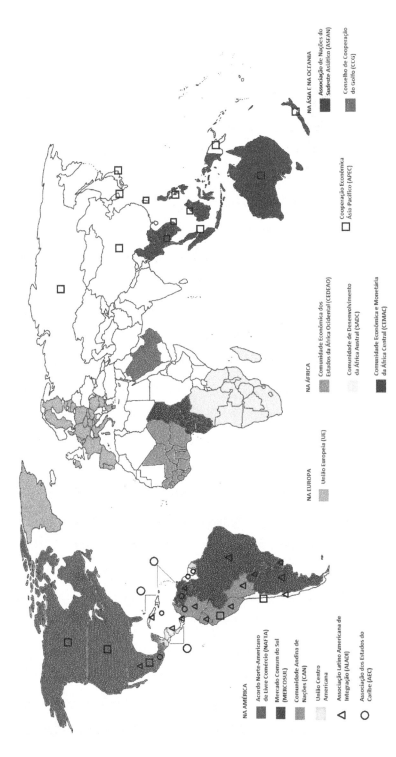

Figura 4.1 – Os blocos econômicos.

4.3 COM OS ALUNOS

Com o advento da chamada nova ordem mundial, no final do século XX, novas formas de organização e de relação entre os países surgiram. Embora muitos planos de integração tenham sido iniciados ainda nos anos de 1950 e 1960, foi no final desse século que ganharam mais destaque. Houve inúmeros projetos de formação de blocos que floresceram ou foram retomados em todos os continentes, a fim de construir certa unidade regional.

A apreensão de como funcionam, de quais são seus objetivos, onde se localizam e quais os Estados que estão diretamente envolvidos em blocos econômicos contribui para que o mundo e suas formas de organização fiquem cada vez mais compreensíveis aos alunos. Entre outros aspectos, o estudo desse tema pode proporcionar condições para que eles ampliem os conhecimentos acerca da geografia regional, especialmente das regiões que, mesmo na escola, são menos conhecidas e estudadas.

Tendo em vista a globalização, uma nova ordem mundial com novos conflitos e tensões, a crise dos Estados-nação, a formação de blocos econômicos, a desterritorialização de muitos grupos humanos, as questões ambientais que conferem novos significados à sociedade como um todo e em suas partes, que contribuição o conhecimento geográfico deve dar para a plena formação do educando? (BRASIL, 1999, p. 310)

Acreditamos ser de grande importância a resposta para essa pergunta que, mesmo formulada em 1999, é bastante atual, uma vez que envolve assuntos de ampla dimensão para o entendimento da organização do espaço. É, portanto, fundamental que os alunos tenham condições de relacionar variados temas que ajudem a entender e a interpretar a realidade global, da qual inevitavelmente fazemos parte.

Embora os objetivos de formação dos blocos falem, em geral, de colaboração mútua entre os países-membros e de planejar e executar ações para que o crescimento e a cooperação conjunta sejam uma realidade, nada garante que a suposta relação de "interdependência" entre eles seja caracterizada como sendo de mútuo benefício.

Exemplos de organizações cujos reais objetivos são discutíveis não faltam. O Nafta é um exemplo disso. Alvo de críticas pela disparidade existente entre seus membros, na opinião de muitos especialistas, trata-se de um bloco que não favorece a ninguém, salvo certos interesses muito específicos de um grupo de companhias que se beneficiam de mão de obra mais barata, e não tem como objetivo uma integração que vá além da zona de livre comércio. O México é visto como um atrativo receptor de investimentos para as instalações que migraram para seu território em busca de vantagens fiscais – poucos impostos, concessão de créditos –, leis trabalhistas mais brandas etc. Além disso, a participação desse país no bloco é entendida também como um modo de os Estados Unidos estabelecerem formas de contenção do fluxo de imigrantes ilegais para seu território.

A discussão crítica dessa situação é necessária para que os alunos entendam que há significativas diferenças e controvérsias marcantes na constituição dos blocos econômicos. Por outro lado, devemos lembrar também que há muitos apoiadores desse plano e de seu desenvolvimento, pois não é à toa que está em funcionamento.

Outro exemplo que vale a pena ser lembrado e estudado é o da Alca, que nem chegou a existir, mas foi alvo de inúmeras críticas. Vista como fruto de renovado interesse estadunidense pelo continente americano, esse projeto é lembrado pela enorme diferença existente entre as economias que o constituiriam, já que, lado a lado, ficariam potências muito industrializadas, como os Estados Unidos e o Canadá, e países considerados muito pobres, como Haiti e Honduras, por exemplo. Para os críticos, o resultado dessa integração não seria muito diferente de uma espécie de recolonização da América Latina.

Seria esperado um aprofundamento das desigualdades, uma vez que a circulação de capitais e renda se manteria infinitamente maiores entre os países mais ricos. Em princípio, nada de anormal, em razão da maior capacidade de investimentos na produção de manufaturados complexos e na indústria eletrônica e de bens de capital (máquinas para indústrias) de tais países. O bloco não poderia ser visto como uma espécie de "salvador da pátria" para os países pobres, embora a propaganda favorável defendesse algo semelhante. Aqui surge uma pergunta: qual seria a vantagem para os países menos desenvolvidos? Eles se especializariam definitivamente na exportação de matérias-primas e na produção agropecuária, limitando seu comércio internacional ao bloco? A Alca seria, sob esse ponto de vista, uma grande zona de livre comércio envolvendo economias muito distintas, visando garantir o alicerce da liderança dos Estados Unidos sobre todo o continente, motivo pelo qual o bloco foi desestimulado por muitos.

Ao abordar a Alca, pode parecer que estamos tratando de algo já superado. De fato, um olhar ligeiro chega rapidamente a essa conclusão. No entanto, entendemos que, embora esteja quieta, não está totalmente abandonada a ideia de criação desse bloco. Pensamos que, caso a conjuntura política esteja favorável, não é difícil essa ideia voltar à agenda dos governos locais. Trata-se, portanto, de algo que, a nosso ver, deve ser estudado e bem compreendido pelos alunos, uma vez que envolvem muitos interesses regionais e, claro, também os do Brasil.

Ainda no continente americano, os vários blocos envolvendo países da América Central, do Caribe e da América do Sul patinam na tentativa de aprofundar suas relações. O Mercosul tem, com Brasil e Argentina, seus dois principais membros, o desafio de superar a intensa concorrência entre eles para favorecer a cooperação.

As seguintes perguntas podem ser abordadas e respondidas pelos alunos: por não haver uma sólida tradição regional, uma ampla integração latino-americana pode fracassar? Existe um processo irreversível de formação de blocos regionais? Os blocos representam a iniciativa regional que vai fortalecer as economias e integrar as sociedades em um mundo considerado globalizado?

São os nacionalismos e a identidade regional que, ao caminharem juntos, fortalecem cada uma das nações envolvidas. Essa frase parece se encaixar bem em uma região do planeta onde os nacionalismos já provocaram guerras, separatismos e movimentos por independência que ainda não estão resolvidos e onde a integração regional está mais desenvolvida.

Usualmente, todos os acordos de livre comércio entre países têm sido denominados de integração econômica. Nesses casos, o termo "integração" é utilizado com uma conotação positiva, assim como o termo "livre" adjetivando o comércio. Quem em princípio é contra integração e liberdade?

A integração econômica se inicia pela liberalização comercial; em seguida, define uma tarifa externa comum, estabelecendo uma União Aduaneira; depois, define suas políticas de convergência macroeconômicas e os valores máximos para o déficit público, inflação, taxas de juros etc.; para no final estabelecer uma moeda comum. No caso da União Europeia, não é só capital, bens e serviços que circulam livremente, mas a mão de obra também. O passo posterior à criação da moeda comum seria a integração política [...]. (JAKOBSEN; MARTINS, 2004, p. 10-11)

Então, a União Europeia já estaria a caminho desse passo posterior? De acordo com o site oficial da UE, uma moeda única oferece muitas vantagens, entre as quais a de pôr termo aos custos cambiais e à flutuação das taxas de câmbio. O comércio transfronteiras torna-se mais fácil para as empresas e a conjuntura econômica fica mais estável, permitindo o crescimento da economia e oferecendo mais possibilidades de escolha aos consumidores. Uma moeda única incentiva também as pessoas a viajar e a fazer compras no estrangeiro.

Embora a União Europeia já tenha avançado significativamente em seu processo de integração, alguns países da zona do euro têm apresentado dificuldades em cumprir todas as metas que são exigidas deles para sua sólida manutenção no bloco. O caso mais emblemático é o da Grécia que, em 2010, literalmente quebrou e teve de recorrer a empréstimos da ordem de 110 bilhões de euros junto ao Banco Central Europeu, à Comissão Europeia e ao Fundo Monetário Internacional, na tentativa de recuperar sua economia e, assim, sanar sua situação. Os efeitos sobre a vida da população e a organização do país foram calamitosos. Houve aumento dos déficits públicos, do desemprego e da pobreza, queda de produtividade etc. Hoje, o governo tenta renegociar a dívida do país e pôr um fim na política de austeridade.

A Europa, que possui 10 milhões de quilômetros quadrados, é um continente bastante fragmentado, formado por 44 países, dos quais 27 fazem parte da União Europeia. Várias fronteiras do continente ainda podem ser consideradas instáveis, e há mesmo sérias indefinições. Esse é o caso de Kosovo, que é reconhecido como país por muitos Estados, entre os quais Alemanha, Estados Unidos e França, mas não é reconhecido por outros, como Rússia, China e Brasil; e mesmo alguns países da Europa não reconhecem sua independência, como a Espanha, a Ucrânia e a Grécia. Não é apenas esse caso que preocupa as autoridades europeias, já que movimentos nacionalistas e separatistas continuam atuando em outros países do continente. Não faz muito tempo que o mapa europeu estava muito diferente do atual. No final do século XX e início do XXI, inúmeros países desapareceram ao mesmo tempo que outra grande quantidade ressurgiu ou nasceu.

Com o desmantelamento da antiga Iugoslávia, situações constrangedoras ocorreram com países que ainda não tinham sua situação política bem definida. Um exemplo disso ocorreu com os últimos remanescentes da Iugoslávia que disputaram juntos as eliminatórias para a Copa do Mundo de Futebol de 2006, na Alemanha. Em

2005, Sérvia e Montenegro, unidos, formavam um país. No entanto, em maio de 2006, um mês antes da realização do evento, após um referendo, Montenegro tornou-se independente, acabando com a unidade entre os dois países. Assim, a seleção que fora classificada para disputar os jogos não estava mais representando ninguém, do ponto de vista formal. Acabaram na última colocação.

Não é de hoje que a fragmentação da Europa preocupa. Em carta de Frederico, da Prússia, escrita para a czarina Catarina, a Grande, da Rússia, no século XVIII, ele já demostrava uma preocupação bastante pertinente que viria a concretizar-se no século XX:

> *Dois impérios dividirão o mundo entre si: Rússia a leste e América a oeste. E nós, os povos localizados entre ambos, estaremos tão desonrados, teremos caído tão baixo, que não saberemos, exceto por uma vaga e imprecisa lembrança, o que fomos no passado. (MAGNOLI, 1988, p. 77)*

Na Segunda Guerra Mundial e, principalmente, durante a Guerra Fria, a Europa esteve nessa condição. O tempo pode responder se a integração continental vai colocar a Europa em condição de igualdade, do ponto de vista estratégico, com potências como os Estados Unidos e a Rússia.

Enfim, a conjuntura, que é bastante dinâmica, também é assimilada com tamanha rapidez que mal percebemos suas nuanças e, talvez por isso, mal a questionemos. Levar os alunos a perceber essas peculiaridades é necessário para uma leitura criteriosa da realidade.

A essa altura, a partir das discussões com os alunos, cabe perguntar: afinal, por que os países se juntam em blocos? Seria o modelo europeu uma tendência mundial? A União Europeia se constituirá no caminho "natural" para a unidade dos países naquele continente? A criação de blocos seria o melhor caminho a ser trilhado pelos países após o fim da Guerra Fria?

Muitos blocos regionais em outras partes do mundo enfrentam instabilidade econômica, desemprego, conflitos, dívidas, etc. São desafios que precisam ser superados para que se alcancem os objetivos traçados por seus membros. Na África, onde florescem vários blocos, o desafio parece ser ainda maior, entretanto, é muito importante que se apresente aos alunos uma realidade africana que procure desmistificar estereótipos sobre os povos que vivem naquele continente. Certas concepções tidas como acabadas fazem erroneamente a leitura de uma suposta realidade, não apenas sobre a África, e contaminam a interpretação que poderíamos reconhecer como mais adequada. É verdade que há muita desigualdade e pobreza nessa e em outras partes do mundo, mas é verdade também que há exemplos e esforços postos em prática em países africanos para que possam superar suas dificuldades e então caminhar em paz e com dignidade na construção de seu futuro. Nós, professores, devemos ficar atentos quanto à formulação e à difusão de ideias preconcebidas que em muito dificultam a interpretação do espaço.

Não há como prever o futuro dos blocos, ainda mais quando se trata da maior zona de livre comércio já instituída no mundo: a Apec, que reúne economias de diversos lugares e revela uma aliança sem precedentes na história, ao colocar juntos antigos inimigos como Japão, China, Rússia, Vietnã e Estados Unidos. Trata-se de um ambicioso projeto que até poucas décadas era absolutamente impensável. Em vez de guerra, negócios! Resta saber quem vai sair ganhando e/ou perdendo com isso tudo.

Aqui, podemos fazer as seguintes perguntas e chamar novamente os alunos para respondê-las: a política de formação de blocos econômicos supranacionais pode contribuir para resolver os principais problemas das sociedades atuais? Tais blocos representam de fato a superação das diferenças históricas entre países diversos?

Sequência didática

Atividade

Pesquisa sobre os blocos econômicos.

Objetivos

Reconhecer a existência e compreender a significação e a importância dos blocos econômicos. Saber diferenciar os tipos e os objetivos dos blocos existentes. Identificar os blocos e, criticamente, analisá-los dentro de cada contexto regional.

Desenvolvimento

Módulo 1

Em um mapa-múndi, apresente aos alunos todas as regiões do planeta onde existam blocos econômicos. Discuta as principais características econômicas, históricas, sociais e culturais dessas regiões. Estimule-os a querer saber mais a respeito desses lugares, abordando temas como riqueza cultural, modos de vida etc. Questione-os sobre como imaginam que seja a vida em certos países e regiões do mundo, longínquas ou próximas do Brasil. Se possível, mostre imagens (fotos ou vídeos) da vida em sociedade em algumas dessas regiões. É importante que descubram como a vida se desenvolve em outras partes do mundo e que entendam que as diferenças culturais são uma grande riqueza da humanidade. A ideia, portanto, é que os alunos tomem contato com o diferente, com o novo, a fim de que sejam estimulados a saber mais.

Módulo 2

Esse contato inicial serve para que os alunos, em grupos organizados pelo professor, assumam a realização de uma pesquisa a respeito de um dos blocos econômicos do mundo. É importante salientar que, embora a pesquisa seja sobre os blocos, eles não estão desarticulados das respectivas realidades locais. Daí a importância de os alunos não buscarem apenas as informações que poderíamos chamar de técnicas como também pesquisar todo o contexto envolvendo o máximo de informações a respeito de quem (país, sociedade, cultura) está inserido na realidade estudada. Cada grupo deve buscar, a partir de um roteiro essencial, os principais aspectos que envolvam os países de um bloco e seu papel. Por exemplo, se um grupo ficou responsável pela Apec, questões como as seguintes podem ajudar a nortear o trabalho: quantos e quais são os países que a compõe? Onde estão localizados? O que os diferem e o que os assemelham (econômica, política, cultural e socialmente)? Quando, como e com qual objetivo foi pensado esse bloco? Enfim, perguntas que respondam o essencial de cada organização e que também avancem no conhecimento geográfico. Os alunos devem se identificar com objeto de pesquisa.

Módulo 3

Após um período para a realização da pesquisa, é hora da apresentação. Em datas previamente agendadas, os alunos devem demonstrar o que descobriram em um seminário, no qual podem apresentar imagens, promover debates, descrever e explicar o funcionamento do bloco pesquisado, relacionando-o às realidades locais, por meio da análise crítica dos possíveis efeitos para as sociedades envolvidas.

Avaliação

Avalie a dimensão da pesquisa, o aprofundamento e o envolvimento dos alunos. Questione-os sobre o que aprenderam sobre a região e como passaram a vê-la após a realização dos seminários. Se preferir, solicite uma conclusão por escrito de cada membro do grupo a fim de verificar como apreenderam o tema.

REFERÊNCIAS BIBLIOGRÁFICAS

AFRICAN UNION (AU). **Addis Ababa**. Disponível em: <http://au.int>. Acesso em: 27 jan. 2015.

ALBUQUERQUE, Roberto C. de. **A integração das Américas:** Por quê? Para quê? Para quem? Quando? Rio de Janeiro: Instituto de Pesquisa Econômica Aplicada-IPEA, 1990. Disponível em: <http://repositorio.ipea.gov.br/bitstream/11058/1519/1/td_0198.pdf>. Acesso em: 21 jan. 2015.

ASIA-PACIFIC ECONOMIC COOPERATION (APEC). Singapore, 2015. Disponível em: <www.apec.org>. Acesso em: 27 jan. 2015.

ASSOCIATION OF CARIBBEAN STATES/ASOCIACIÓN DE ESTADOS DEL CARIBE (ACS/AEC). Port of Spain, 2012. Disponível em: <www.acs-aec.org>. Acesso em: 27 jan. 2015.

ASSOCIAÇÃO LATINO-AMERICANA DE INTEGRAÇÃO (ALADI). Montevideo, 2015. Disponível em: <www.aladi.org/nsfweb/sitioport/>. Acesso em: 26 jan. 2015.

ASSOCIATION OF SOUTHEAST ASIAN NATIONS (ASEAN). Jakarta, 2014. Disponível em: <www.asean.org>. Acesso em: 27 jan. 2015.

COMMISSION DE LA COMMUNAUTÉ ÉCONOMIQUE ET MONÉTAIRE DE L'AFRIQUE CENTRALE (CEMAC). Bangui. Disponível em: <www.cemac.int>. Acesso em: 26 jan. 2015.

COMUNIDAD ANDINA (CAN). Lima, 2010. Disponível em: <www.comunidadandina.org/Seccion.aspx?id=189&tipo=QU&title=somos-comunidad-andina>. Acesso em: 27 jan. 2015.

DURAND, Marie-Françoise et al. **Atlas da mundialização:** compreender o espaço mundial contemporâneo. São Paulo: Saraiva, 2009.

ECONOMIC COMMUNITY OF WEST AFRICAN STATES (ECOWAS). Abuja, 2015. Disponível em: <www.ecowas.int>. Acesso em: 26 jan. 2015.

FUNDACIÓN EMANCIPACIÓN. Portal ALBA. Caracas. Disponível em: <www.portalalba.org>. Acesso em: 21 jan. 2015.

GULF COOPERATION COUNCIL (GCC). Riyadh, 2012. Disponível em: <www.gcc-sg.org/eng/index.html>. Acesso em: 28 jan. 2015.

HAESBAERT, Rogério. **Blocos internacionais de poder**. 7. ed. São Paulo: Contexto, 1998.

IANNI, Octavio. **A era do globalismo**. Rio de Janeiro: Civilização Brasileira, 1996.

JAKOBSEN, Kjeld; MARTINS, Renato. **Alca:** quem ganha e quem perde com o livre comércio nas Américas. 2. ed. São Paulo: Fundação Perseu Abramo, 2004.

MAGNOLI, Demétrio. **Da guerra fria à détente**. Campinas, Papirus: 1988.

MERCADO COMUM DO SUL (MERCOSUL). Brasília. Disponível em: <www.mercosul.gov.br>. Acesso em: 25 jan. 2015a.

_____. **Saiba mais sobre o MERCOSUL**. Brasília. Disponível em: <http://www.mercosul.gov.br/saiba-mais-sobre-o-mercosul>. Acesso em: 21 jan. 2015b.

SECRETARÍA DE INTEGRACIÓN ECONÓMICA CENTRO-AMERICANA (SIECA). Guatemala, 2013-2014. Disponível em: <www.sieca.int/General/Default.aspx>. Acesso em: 27 jan. 2015.

SOUTHERN AFRICAN DEVELOPMENT COMMUNITY (SADC). Gaborone, 2012. Disponível em: <www.sadc.int/>. Acesso em: 27 jan. 2015.

THE WORLD BANK. **Data:** World Bank Open Data. Washington, DC, 2015a. Disponível em: <http://data.worldbank.org>. Acesso em: 26 jan. 2015.

_____. **Data:** European Union. Washington, DC, 2015b. Disponível em: <http://data.worldbank.org/country/EUU>. Acesso em: 17 jan. 2015.

UNIÃO EUROPEIA (EU). Brussels, 2015a. Disponível em: <http://europa.eu/index_pt.htm>. Acesso em: 17 jan. 2015.

_____. **O euro.** Brussels, 2015b. Disponível em: <http://europa.eu/about-eu/basic-information/money/euro/index_pt.htm>. Acesso em: 19 jan. 2015.

UNIÓN DE NACIONES SURAMERICANAS (UNASUR). Quito. Disponível em: <www.unasursg.org>. Acesso em: 26 jan. 2015.

Sugestões de leitura

ALBUQUERQUE, Roberto C. de. **A integração das Américas:** Por quê? Para quê? Para quem? Quando? Rio de Janeiro: Instituto de Pesquisa Econômica Aplicada (IPEA), 1990. Disponível em: <http://hdl.handle.net/11058/1519>. Acesso em: 21 jan. 2015.

BENJAMIN, César. Nossa América. **Caros Amigos**, São Paulo, ano X, n. 109, p. 12, abr. 2006.

CARTACAPITAL. São Paulo: Editora Confiança, 1999-. Disponível em: <www.cartacapital.com.br/>. Acesso em: 4 maio 2015.

GALEANO, Eduardo. **As veias abertas da América Latina**. 3. ed. Rio de Janeiro: Paz e Terra, 1978.

IANNI, Octavio. **A era do globalismo**. Rio de Janeiro: Civilização Brasileira, 1996.

JAKOBSEN, Kjeld; MARTINS, Renato. **Alca:** quem ganha e quem perde com o livre comércio nas Américas. 2. ed. São Paulo: Fundação Perseu Abramo, 2004.

REVISTA CAROS AMIGOS. São Paulo: Editora Caros Amigos, 1997-. Disponível em: <http://carosamigos.com.br/2015/>. Acesso em: 4 maio 2015.

REVISTA FÓRUM. São Paulo: Portal Fórum, 2001-. Disponível em: <www.revistaforum.com.br/>. Acesso em: 4 maio 2015.

SADER, Emir. Alca ou Alba. **Caros Amigos**, São Paulo, ano IX, n. 108, p. 17, mar. 2006.

Terceira parte:
urbanização e ambiente

5

Urbanização

A urbanização é um acontecimento mundial que a cada dia está mais presente na vida das pessoas pelo mundo. Trata-se de um fenômeno crescente em diversas partes do globo, característico não só das metrópoles como também das inúmeras cidades médias que, juntas, absorvem grande quantidade de população.

Lugar de origem de várias culturas – muitas apresentam rica arquitetura e história marcante –, as cidades, desde seu surgimento, concentram miséria e riqueza lado a lado e exibem, ao mesmo tempo, vitalidade e decadência. Entretanto, ainda que carreguem muitas contradições, são polos de grande atração populacional em todos os continentes.

Aspectos como violência urbana, poluição, consumismo, disputa pelo território por diferentes atores sociais, entre outros problemas urbanos, fazem das cidades palco de contestações e lutas sociais nas quais se fundem "interesses do capital, a ação do Estado e a luta dos moradores como forma de resistência contra a segregação no espaço residencial e pelo direito à cidade" (CARLOS, 2005, p. 26). Embora problemáticas em certos aspectos, as cidades são fonte de amplo desenvolvimento econômico, inicialmente em função da instalação de indústrias e posteriormente por causa do desenvolvimento do comércio e dos serviços, bem como da grande fomentação cultural, em virtude do dinamismo e da variedade de oportunidades oferecidas a seus moradores, como acesso a museus, espetáculos, cinema etc.

Urbanizados: É importante registrar que, para o IBGE, desde 1991, novos critérios foram levados em conta para a definição do que seria considerado urbano ou rural. Bastante distintos dos critérios utilizados anteriormente, estão expostos nos oito itens a seguir: "Situação urbana – é a área interna ao perímetro urbano legal: considerando-se as áreas urbanizadas (1) ou não (2), correspondentes às cidades (sedes municipais), às vilas (sedes distritais) ou às áreas urbanas isoladas (3). Situação Rural – área externa ao perímetro urbano, abrangendo inclusive os aglomerados rurais de extensão urbana (4), os aglomerados rurais isolados – povoados (5), os aglomerados rurais isolados – os núcleos (6), os aglomerados rurais isolados – outros aglomerados (7) e zona rural exclusive aglomerado rural (8)" (INSTITUTO BRASILEIRO DE GEOGRAFIA E ESTATÍSTICA, 2015).

Pobreza: A respeito desse fenômeno, Santos afirma que "a pobreza existe em toda parte, mas sua definição é relativa a uma determinada sociedade. Estamos lidando com uma noção historicamente determinada. É por isso que comparações de diferentes séries temporais levam frequentemente à confusão. A combinação de variáveis, assim como sua definição, muda ao longo do tempo; a definição dos fenômenos resultantes também muda. »»

Em razão de sua complexidade, o estudo da urbanização na Educação Básica, em especial no Ensino Médio, deve ser objeto de análise a partir do local de vivência dos alunos, o que pode estimular a compreensão do local como parte de um conjunto bastante amplo e contraditório. Considerando que a maioria dos brasileiros vive em cidades, é mister compor os conceitos teóricos desse importante tema da geografia escolar com o que as pessoas que moram em áreas urbanas vivenciam cotidianamente, a fim de que o estudo e a aprendizagem decorrente sejam significativos.

De acordo com as Orientações Curriculares para o Ensino Médio:

> *A urbanização como fenômeno do mundo atual se estende por todos os territórios e configura espaços característicos ao atual período técnico científico e informacional que se manifesta pela estruturação do fenômeno industrial. As cidades refletem em sua organização as grandes mudanças socioeconômicas e culturais, onde se estruturam diferentes territórios urbanos, criados por grupos sociais distintos, especialmente nas metrópoles. (BRASIL, 2008, p. 56)*

A taxa de urbanização do Brasil passou por um processo significativo de crescimento durante o século XX, segundo o Instituto Brasileiro de Geografia e Estatística (IBGE). Em 1940, data do primeiro registro do gênero no país, a parcela de brasileiros vivendo nas cidades era de 31,24%, número que pulou para 44,67% em 1960. No censo de 1970, foi registrada, pela primeira vez na história, uma marca que apresentava mais da metade da população vivendo em cidades: 55,92%. Três décadas depois, na iminência do século XXI, já éramos 81,23%; em 2010, esse número atingiu estratosféricos 84,36% (INSTITUTO BRASILEIRO DE GEOGRAFIA E ESTATÍSTICA, 2015). Tais taxas fizeram do Brasil um dos países mais urbanizados do mundo.

Entretanto, de acordo com Santos, esse crescimento urbano acelerado é acompanhado pela expressiva presença da pobreza e da desigualdade de oportunidades. Segundo o autor:

> *Ao longo do século, mas, sobretudo, nos períodos mais recentes, o processo brasileiro de urbanização revela uma crescente associação com o da pobreza, cujo locus passa a ser, cada vez mais, a cidade, sobretudo a grande cidade. O campo brasileiro moderno repele os pobres, e os trabalhadores da agricultura capitalista vivem cada vez mais nos espaços urbanos.*

A indústria se desenvolve com a criação de pequeno número de empregos, e o terciário associa formas modernas a formas primitivas que remuneram mal e não garantem a ocupação. (2005, p. 11)

Em âmbito mundial, de acordo com dados da Divisão de População da Organização das Nações Unidas, mais da metade da população mundial, aproximadamente 54%, já vive em cidades. As projeções mostram que a urbanização associada ao crescimento populacional mundial pode acrescer mais 2,5 bilhões de pessoas às cidades até 2050, com perspectiva de aumentar para 66%. Seguindo uma tendência percebida há décadas, quase 90% do crescimento vai ocorrer em regiões consideradas subdesenvolvidas, especialmente nos continentes asiático e africano.

Ao longo do desenvolvimento histórico, construiu-se, no imaginário das pessoas, a ideia de que viver nas cidades significava uma vida com mais conforto. Em princípio, esses moradores passariam a viver mais e melhor por causa do acesso às vantagens que só a vida urbana poderia oferecer, como melhores empregos – que exigem mais qualificação, também disponível a seus habitantes. Por isso, as cidades proporcionariam melhores salários e melhor acesso à educação em todos os níveis, bem como facilidades que tornariam a vida menos complicada e prazerosa, com acesso a recursos que, geralmente, seriam mais difíceis de alcançar vivendo no campo, como eletricidade e aparelhos que dela dependem, água encanada tratada, habitação confortável, transporte rápido e seguro, saúde e cultura de qualidade para atender a todos.

Podemos perguntar: isso acontece mesmo? Viver em cidades significa viver melhor? Todos os que vivem nas cidades, com suas respectivas singularidades, podem responder a essas questões com propriedade (incluindo alunos do Ensino Médio que vivem em cidades).

Aqui, cabe uma alegoria a respeito do ideal de urbano futurista que sempre existiu e que, de certa forma, foi difundido mundo afora por meio do cinema e da televisão. São exemplos o desenho animado *Os Jetsons*, apresentado entre os anos de 1960 e 1980, e o divertido *Futurama*, do início de 2000. Ambos projetavam como seria a vida em um futuro repleto de tecnologias, de espaços reluzentes e viagens interplanetárias, em que a locomoção se daria de maneira muito mais tranquila e eficiente. Qualidade televisiva e fantasias à parte, tal visão não cogitou que o futuro, tornado

»» De que adianta afirmar que um indivíduo é menos pobre agora, em comparação à sua situação de dez anos atrás, ou que é menos pobre na cidade em comparação à sua situação no campo, se esse indivíduo não tem mais o mesmo padrão de valores, inclusive no que se refere aos bens materiais? A única medida válida é a atual, dada pela situação relativa do indivíduo na sociedade a que pertence. [...] A medida da pobreza é dada antes de mais nada pelos objetivos que a sociedade determinou para si própria" (2009, p. 18).

Os Jetsons: Tratava-se de uma série de desenhos animados ambientados no que seria o futuro. Seus protagonistas, os Jetsons, eram uma família que vivia no ano de 2062 em meio a incríveis avanços tecnológicos, como carros voadores, cidades suspensas, automatização para quase todas as tarefas domésticas. Era um futuro idealizado que, salvo algumas características já presentes na vida real, está muito distante de se tornar realidade.

Futurama: Série de desenhos animados cujo protagonista principal é Philip J. Fry. Rapaz do final do século XX, ele é congelado por mil anos e passa a viver no século XXXI com seus novos amigos que, por sua vez, convivem com outros seres na "Velha Nova York", em uma época repleta de tecnologias avançadas para a atualidade. Série irônica, revela e discute inúmeras mazelas da humanidade.

132   Geografia

Favelas: "Segundo a definição dos dicionários, favela é o núcleo de habitações rústicas e improvisadas nas áreas urbanas ou suburbanas, em locais sem melhoramentos públicos (geralmente nos morros), sobre terrenos de propriedade alheia, privada ou estatal, ou de posse não definida. No início, *favela*, para as classes mais favorecidas, era sinônimo de *promiscuidade, penúria e insalubridade*. Um século de evolução mudou esse quadro. Hoje em dia há favelas e favelas. Os barracos que compõem as favelas mais pobres são construídos com restos de madeira e outros materiais. Em certos casos, até mesmo com alvenaria, mas sem sistema de saneamento básico nem energia elétrica, caracterizando-se pelas condições de vida extremamente precárias. Já as favelas menos pobres, como a da Rocinha, no Rio de Janeiro, com mais de cento e cinquenta mil habitantes, são verdadeiras minicidades, com escola, posto de saúde, o seu próprio jornal e a sua própria emissora de rádio e de tevê, em cujos barracos é fácil encontrar água encanada, televisão, computador e antena parabólica. São as neofavelas" (OLIVEIRA, 2007, p. 11-12, grifos do autor).

presente, ainda não se constituiu exatamente como imaginado, uma vez que a vida nas cidades não dispõe de conforto para a maioria, especialmente aquelas localizadas nos países emergentes e subdesenvolvidos. Nesses locais, pode-se dizer que a esperada qualidade de vida ainda é um sonho para grandes contingentes populacionais, que no duro cotidiano vivem e sentem na pele as grandes contradições que permeiam cidades em várias partes do globo.

Assim, as cidades do futuro, em vez de feitas de vidro e aço, como fora previsto por gerações anteriores de urbanistas, serão construídas em grande parte de tijolo aparente, palha, plástico reciclado, blocos de cimento e restos de madeira. Em vez das cidades de luz arrojando-se aos céus, boa parte do mundo urbano do século XXI instala-se na miséria, cercada de poluição, excrementos e deterioração. Na verdade, o bilhão de habitantes urbanos que moram nas favelas pós-modernas podem mesmo olhar com inveja as ruínas das robustas casas de barro de Çatal Huyuk, na Anatólia, construídas no alvorecer da vida urbana há 9 mil anos. (DAVIS, 2006, p. 28-29)

Não é raro, ao caminhar pelas regiões centrais ou periferias da Cidade do México, de Nairóbi, de São Paulo – que "tem 1,1 milhão de pessoas que moram em favelas, 1,6 milhão que moram em loteamentos ilegais, aproximadamente 500 mil pessoas em cortiços, e 10 mil moradores de rua" (MARICATO apud DAVIS, 2006, p. 223) –, ou de qualquer outra cidade semelhante para deparar com situações de abandono e miséria.

Com o crescimento econômico dos chamados países emergentes, a urbanização acelerou-se bruscamente, em grande medida pelo crescimento do número de pessoas vivendo em favelas. Apesar das dificuldades vividas em muitas das grandes cidades fora do chamado mundo desenvolvido, não é difícil encontrar pessoas que afirmam que, ao se mudar para a cidade, ainda que vivendo na pobreza, sua vida tenha melhorado.

De acordo com reportagem publicada na revista *Carta na Escola* (BARROCAL, 2014), o crescimento do número de moradores em favelas tem sido significativo em algumas cidades do Brasil, como Manaus e Belém; porém, nada se compara a Brasília, que apresentou um incremento de 50,7% de população considerada moradora de favelas. A reportagem apresenta a declaração de uma moradora que abandonou a vida no interior do Piauí para viver em uma favela de Brasília. Segundo ela, a vida ficou melhor já que seu marido, que é pedreiro, sempre tem trabalho e pode sustentar a família, que tem três filhos. Esse exemplo, entre tantos outros, seria a confirmação da visão de que viver na cidade grande, ainda que sob tais condições, é realmente melhor? A promessa de vida melhor nas cidades – mesmo que em condições muito diferentes daquelas imaginadas –, idealizada por muitos visionários, estaria se confirmando?

Acabar com a favelização nas grandes cidades do Brasil e do mundo parece ser extremamente difícil. Esse talvez seja um dos maiores desafios de planejadores urbanos e governos locais, já que, em muitos lugares, as favelas transformaram-se em bairros enormes, com milhares habitantes; há casos que chegam a milhões de habitantes. São lugares que demandam infraestrutura que garanta dignidade às pessoas. Isso depende de vontade política, que, como se pode observar, não é muito comum a uma parte significativa dos administradores públicos.

Davis apresenta uma lista com o que considera "as trinta maiores megafavelas" do mundo. Para esse autor, megafavelas são grandes aglomerados populacionais que vivem em áreas consideradas irregulares que se estendem por vastas regiões de inúmeras metrópoles. Reproduzimos aqui as dez mais populosas.

Tabela 5.1 – As dez maiores megafavelas*

Megafavela	Localização	Milhões de habitantes
Neza/Chalco/Izta**	Cidade do México	4
Libertador	Caracas	2,2
El Sur/Ciudad Bolívar	Bogotá	2
San Juan de Lurigancho***	Lima	1,5
Cono Sur****	Lima	1,5
Ajegunte	Lagos	1,5
Cidade Sadr	Bagdá	1,5
Soweto	Gauteng	1,3
Gaza	Palestina	1,2
Comunidade Orangi	Karachi	1,2

Fonte: Adaptada de Davis (2006, p. 38).

* Segundo o autor, foram consultadas dezenas de fontes e selecionados os valores médios em vez de extremos.

** Inclui Nezahualcoyotl (1,5 milhão de habitantes), Chalco (300 mil), Iztapalapa (1,5 milhão), Chimalhuacan (250 mil) e catorze outras delegações e municípios contíguos do quadrante sudeste da metrópole.

*** Inclui San Juan de Lurigancho (750 mil), Comas (500 mil) e Independência (200 mil).

**** Cono Sur inclui Villa El Salvador (350 mil), San Juan de Miraflores (400 mil) e Villa Maria de Triunfo (400 mil).

A pobreza, aliada à fome e a certas doenças; a violência urbana, objeto de julgamentos sensacionalistas que alimentam o medo e o desejo de vingança; a escassez e a contaminação da água disponível para muitos habitantes, especialmente os mais pobres que habitam bairros extremamente populosos das cidades; o chamado micro-clima, que afeta espaços urbanos repletos de construções, que muitas vezes são inadequadas para o tipo climático do local, impedem o deslocamento do ar e retêm muito calor por causa do concreto e do asfalto, que, aliás, são responsáveis também por volumosas enchentes, são apenas alguns exemplos dos chamados problemas urbanos. Além dessas dificuldades, está a grande quantidade de lixo que se acumula nas cidades, resultante da falta ou da precária coleta oferecida pelo poder público. O lixo também é resultado de uma sociedade consumista e pouco reflexiva a respeito dos efeitos que suas ações podem provocar – assunto ao qual dedicamos o próximo capítulo desta parte do livro.

A despeito das dificuldades socioeconômicas e ambientais que acompanham as cidades, especialmente pela falta de moradias adequadas, como apresentado até aqui, como podemos defini-las? Podemos dizer que a construção do espaço geográfico como resultante das relações do homem com a natureza é o embrião das cidades. Como produto humano – histórico e social –, o espaço geográfico é resultante do trabalho que age sobre a natureza e a transforma por meio das técnicas por ele desenvolvidas.

Como afirma Carlos:

> *[...] o espaço geográfico é o produto, num dado momento, do estado da sociedade, portanto, um produto histórico; resultado da atividade de uma série de gerações que através de seu trabalho acumulado têm agido sobre ele, modificando-o, humanizando-o, tornando-o um produto cada vez mais distanciado do meio natural. Suas relações com a sociedade se apresentam de forma diversa sob diferentes graus de desenvolvimento. (2005, p. 32)*

Assim, o "diálogo" entre a natureza e a sociedade torna-se fundamental à constituição das cidades, se considerarmos que os viadutos, os túneis e os edifícios são a materialização da transformação da natureza, produto do trabalho. *Locus* de novas relações espaciais, onde novas ideias surgem e promovem o desenvolvimento da cultura e de formas de organização social, as cidades, ao longo do tempo, deram um importante passo para o estabelecimento do que passou a chamar urbanização.

Acredita-se que o surgimento das cidades esteja relacionado com o momento em que o homem deixou de ser nômade. O aparecimento da agricultura, em detrimento da coleta, foi um importante passo para a criação das cidades. Como efeito dessa nova prática produtiva, a humanidade passou a dominar certas técnicas que contribuíram significativamente para o desempenho de outras atividades além do cultivo da terra. As primeiras cidades surgiram em regiões da Ásia com predomínio do clima árido ou semiárido, em lugares às margens de rios, onde a agricultura se desenvolveu inicialmente, para depois avançar à Europa.

Na tabela a seguir, temos exemplos de algumas das mais antigas cidades do mundo, que já abrigaram poder e prosperidade e, claro, têm muita importância histórica. Elas legaram à humanidade – mesmo aquelas que não existem mais – uma rica herança cultural por meio das artes, da literatura e da filosofia e contribuíram para o desenvolvimento político e a organização social como os conhecemos.

Administrada pela Autoridade Nacional Palestina desde 1994, Jericó é considerada a cidade mais antiga do mundo. Localizada na Cisjordânia, ao norte do mar Morto e perto do rio Jordão, pertenceu ao Império Otomano por mais de quatrocentos anos. Atualmente, conta com pouco mais de 20 mil habitantes.

Tabela 5.2 – As cidades mais antigas

Cidade	País antigo	País atual*	Época de origem
Jericó	Canaã	Cisjordânia**	5000 a.C.
Ur	Babilônia	Iraque	V milênio a.C.
Uruk	Babilônia	Iraque	V milênio a.C.
Susa	Elam	Irã	4000 a.C.
Hierakompolis	Egito	Egito	4000 a.C.
Kisch	Babilônia	Iraque	Início do IV milênio a.C.
Nippur	Babilônia	Iraque	Início do IV milênio a.C.
Eridu	Babilônia	Iraque	Início do IV milênio a.C.
Lagasch	Babilônia	Iraque	IV milênio a.C.

* Com informações atualizadas para este tópico em relação ao original.
** Administrada pela Autoridade Nacional Palestina.

Cidade	País antigo	País atual*	Época de origem
Anau		Rússia	3500 a.C.
Troia		Turquia	Fins do IV milênio a.C.
Mohendjo Daro		Paquistão	3000 a.C.
Mênfis	Egito	Egito	2850 a.C.
Assur	Assíria	Iraque	2500 a.C.
Anyang		China	2000 a.C.

Fonte: Schneider (s.d., p. 45).

Com o desenvolvimento das cidades, surgiu o que chamamos urbanização. Uma tentativa de definição desse acontecimento diz que, do ponto de vista demográfico, ele corresponde ao crescimento das cidades em relação ao total de habitantes, fenômeno encarregado de redistribuir as populações das zonas rurais para assentamentos urbanos. Em outros termos, trata-se do processo em que o meio rural fornece população ao meio urbano por meio dos movimentos migratórios. Como se sabe, quando esse movimento migratório ocorre de maneira mais intensa, temos êxodo rural. A urbanização também pode designar a ação de dotar uma área com infraestrutura e equipamentos considerados urbanos. Sob essa perspectiva, é o conjunto dos trabalhos necessários para dar a uma área infraestrutura essencial para o atendimento de seus habitantes, como água encanada e esgoto, eletricidade, transporte, habitação etc.

A urbanização como fenômeno contemporâneo tem raízes que a ligam à Revolução Industrial, já que a presença da indústria gera empregos diretos e indiretos, como comércio e serviços, nas zonas urbanas. A industrialização provocou acelerado crescimento das cidades em diversas partes do mundo.

O rápido e desordenado crescimento das cidades (SANTOS, 2005; DAVIS, 2006), como acontece com as metrópoles dos países considerados emergentes e subdesenvolvidos, contribui para que se deteriorem os serviços urbanos, como o sistema de transportes, a segurança pública e até a construção de praças e áreas de lazer, entre outros. Desse modo, as cidades crescem ampliando horizontalmente a periferia, que, em alguns casos, distam até 50 quilômetros do centro, e verticalmente as regiões mais centralizadas.

O caso brasileiro não foi diferente e, em meados do século XX, a urbanização ganhou força. Com acelerada industrialização, que contribuiu para a ocorrência do que se chama desenvolvimento e, consequentemente, progressos de nível técnico e de infraestrutura, as principais cidades do país passaram a ter as feições que conhecemos hoje, resultado da construção de grandes avenidas, dos sistemas de transportes, das muitas edificações, do tráfego intenso, da poluição e de todas as vantagens e mazelas que acompanham a industrialização.

Todo esse processo, presente em diversos países, contribuiu para gerar as conurbações, ou seja, as aglomerações que "se encontram" no espaço e fazem desaparecer os limites físicos entre diferentes núcleos urbanos, formando uma única mancha, como se pode observar em fotos de satélite. No entanto, não é apenas no espaço físico, por meio das redes de transportes, que tais aglomerações se comunicam. Os densos fluxos de redes de comunicação as articulam com cidades de outras regiões, dentro ou fora de um estado. São, portanto, regiões de concentração de capitais e poder político.

Jean Gottmann (1915-1994), referindo-se às conurbações urbanas, cunhou o termo "megalópoles" em sua obra homônima, publicada em 1961. Dentre os grandes conjuntos urbanos da atualidade que servem de exemplo de conurbações e que se constituem como megalópoles, destacam-se os eixos Boston-Nova York-Filadélfia-Washington D.C. (BosWash), nos Estados Unidos, e Tóquio--Nagoya-Osaka-Kobe, no Japão. No Brasil, a principal mancha urbana liga as cidades de São Paulo e do Rio de Janeiro.

Tabela 5.3 – População das dez maiores aglomerações urbanas do mundo em milhões de habitantes*

Cidade	País	População (2014)	População (2015)**
Tóquio	Japão	37,883	38,001
Délhi	Índia	24,953	25,703
Xangai	China	22,991	23,741
Cidade do México	México	20,843	20,999

* Áreas metropolitanas.
** Projeção.

Cidade	País	População (2014)	População (2015)**
São Paulo	Brasil	20,831	21,066
Mumbai	Índia	20,741	21,043
Osaka	Japão	20,123	20,338
Pequim	China	19,520	20,384
Nova York	Estados Unidos	18,591	18,593
Cairo	Egito	18,419	18,772

Fonte: United Nations (2015).

Entre as dez maiores cidades do mundo, conforme os dados da Organização das Nações Unidas (ONU) apresentados na tabela, apenas três cidades encontram-se localizadas no chamado mundo desenvolvido (Tóquio, Osaka e Nova York). É importante observar também que nenhuma cidade europeia figura entre as dez maiores e que seis dessas cidades localizam-se na Ásia, o continente mais populoso do mundo.

Se observarmos a projeção para 2015, algumas cidades "trocam de posição", como Cairo, que supera Nova York; Pequim, que passa Osaka e São Paulo; e Mumbai, que ultrapassa a Cidade do México. Embora não apresentado, um levantamento feito com as 38 cidades que possuíam mais de 10 milhões de habitantes em 2014, de acordo com dados da ONU, apenas seis estão no chamado mundo desenvolvido. Além das três já apontadas na tabela, são acrescentadas Los Angeles (Estados Unidos), Paris (França) e Londres (Reino Unido).

Ao estudar as cidades, cremos ser fundamental os alunos desenvolverem a percepção de que o que existe na paisagem urbana é resultante do trabalho coletivo. Assim, esperamos que, ao analisarem, por exemplo, as características de uma cidade qualquer, eles interpretem criticamente as diferenças existentes entre os bairros ditos "nobres" e os periféricos, compreendendo que o espaço constituído dota a cidade de partes que podemos chamar "formal" e "informal". Os alunos devem observar que a cidade não possui infraestrutura adequada e que seus habitantes são malvistos pelos que negam a eles o acesso à "cidade formal". Desse modo, "as relações entre as pessoas passam pelo dinheiro;

o homem é entendido pelos aspectos exteriores e o que mede sua vida é o tempo de trabalho (é claro, sua produtividade) e a quantidade percebida de dinheiro. O padrão arquitetônico da cidade também segrega, separa, expulsa" (CARLOS, 2005, p. 21).

5.1 COM OS ALUNOS

A urbanização é um fenômeno complexo que, para ser bem compreendido, requer apreensão de diversas ordens de fenômenos locais (sobretudo), regionais e mundiais. Como sabemos, são muitas as questões que envolvem o meio urbano, lugar de grande concentração de pessoas no qual, sob vários aspectos, a diversidade está presente. É mais provável que os alunos do professor que lê este texto sejam moradores de cidades, possivelmente, de cidades grandes, e que estejam acostumados a vivenciar cotidianamente a dinâmica que envolve esse meio.

A urbanização como fenômeno crescente no mundo atual está presente em todos os continentes. A existência de grandes cidades, com suas inúmeras e gigantescas contradições, é uma realidade que se estende do sudoeste do Canadá ao sudeste da Austrália; do norte do Japão ao sul da Argentina. Isso significa que, ao tratarmos de geografia urbana, é imperioso dar atenção às características que configuram determinados territórios espalhados por todo o mundo. No caso brasileiro, em que mais de 80% da população vive em cidades, se faz necessário também compreender o processo de urbanização que ocorreu no país, com destaque para as relações econômicas, políticas, sociais e ambientais, a fim de que consigamos diagnosticar e interpretar os principais problemas da sociedade contemporânea com a propriedade de quem, inevitavelmente, faz parte dela.

De uns tempos para cá, eclodiram movimentos que chamam a população a ocupar as cidades, os quais têm como argumento o fato de as cidades serem de todos, seja para defender uma praça contra empreendimentos imobiliários, seja para realizar um protesto político, seja ainda para que se criem espaços públicos de lazer. Isso tem ocorrido em cidades brasileiras como São Paulo e Recife, e também em cidades de outros países como Istambul, Cairo e Nova York. Trata-se de uma forma de mostrar que o espaço público deve ser o palco onde todos os atores tenham o sentimento de pertencimento aos lugares comuns.

Observando e analisando os acontecimentos nos ambientes urbanos, podemos nos perguntar: a vida na cidade está em crise?

As grandes cidades, muito urbanizadas, sobretudo as ocidentais e as de países como Japão, China e Coreia do Sul, com suas feições marcadas pelo concreto, têm qual significado? O que representam complexos viários, viadutos, túneis, arranha-céus etc.? Como e por que tudo isso surgiu e dominou a paisagem? Quem constrói as cidades? Ao analisar o meio urbano com os alunos, como ir além das aparências?

> *O mundo se urbanizou: os estudos atuais tratam da vida nas zonas suburbanizadas que se estendem cada vez mais longe. Eles falam de migrações diárias em direção ao local de trabalho (fábricas, escritórios, lojas), da monotonia das existências repetidas indefinidamente, dos grandes centros comerciais como únicos oásis onde se pode escapar do peso da vida [...]. (CLAVAL, 2010, p. 7)*

Além da paisagem urbana propriamente dita, marcada pela cultura e traduzida pelo concreto, haveria também uma monotonia latente, resultante da rotina de quem habita a cidade? Nas metrópoles em que o processo de conurbação está consolidado ou se consolidando, como bem lembra Claval, é comum a ocorrência do chamado fluxo pendular no deslocamento diário das pessoas. Trata-se do fluxo de passageiros que moram longe do local de trabalho e que, por isso, são obrigados a percorrer quilômetros, fazendo-os ficar horas presos no trânsito ou, ao lado de outros trabalhadores, apertados nos meios de transporte. Há também os que geralmente atravessam mais de uma cidade e promovem um tipo de migração que não tem caráter permanente e envolve milhões de pessoas. Essa situação de migração diária pode ser vista como mais uma característica das cidades, lugares que concentram muita gente em um espaço relativamente reduzido.

Sabemos que a distribuição mundial da população é bastante desigual, pois há grandes vazios demográficos e áreas densamente povoadas. Para os alunos, é fundamental esclarecer esse fenômeno, procurando evitar uma interpretação equivocada a respeito da ocupação do espaço. Também é importante ressaltar que, em linhas gerais, o povoamento além de urbano é costeiro.

A despeito das disparidades existentes entre as diversas nações do globo sobre as características de suas respectivas urbanizações, tal fenômeno acomete de maneira muito distinta as pessoas que possuem riqueza material e aquelas que pouco ou nada têm. Os milhões que habitam as favelas e as periferias talvez não vejam, no meio urbano, a perspectiva de uma vida melhor a curto ou médio prazo, ou acreditem que essa é a melhor vida que podem ter, caso considerem o que já viveram em outros lugares piores.

A degradação socioambiental das cidades remete à ideia de descontrole e de desorganização do espaço. Isso é fato em todos os lugares? A respeito de quais cidades podemos afirmar isso: das grandes metrópoles localizadas nos países emergentes e subdesenvolvidos ou daquelas localizadas nos países considerados desenvolvidos e avançados? A diferença é grande? Mais especificamente, em quais partes das cidades podemos afirmar que a ideia de melhor qualidade de vida realmente vingou? Vemos aqui muitas possibilidades de discussões sobre o espaço urbano e suas contradições a ser travado com os alunos nas aulas.

Sequências didáticas

Atividade 1

Identificar e descrever as diferentes características das cidades pelo mundo.

Objetivos

Reconhecer os principais aspectos de organização urbana nas cidades escolhidas. Interpretar a diversidade e avaliar o nível de desenvolvimento dos lugares. Comparar o ambiente pesquisado com o ambiente vivido.

Desenvolvimento

Módulo 1

Converse com os alunos a respeito das cidades. Em uma aula, apresente as características que podem ser fundamentais para que uma cidade seja considerada bem planejada, a fim de atender bem ao disponibilizar serviços a seus moradores. Se preferir, escolha uma cidade como exemplo de planejamento urbano – sem esquecer que mesmo nesses lugares sempre há problemas a serem resolvidos – que, em geral, pode ser vista como bem planejada e trate dos motivos pelos quais ela pode ser considerada dessa maneira. Mostre imagens que justifiquem seus argumentos. Da mesma forma, em outra aula, escolha outra cidade que pode ser, por suas características, um exemplo de mau planejamento urbano, que possua evidências de que seus habitantes ainda não possuem as necessidades mais importantes plenamente atendidas; enfim, uma cidade que tenha muitos problemas para serem resolvidos. Em ambos os casos, pode ser, a seu critério, uma cidade brasileira ou estrangeira.

Módulo 2

Abra uma discussão com os alunos sobre o que mais chamou a atenção deles, tanto para o que pode ser considerado bom como para o que pode ser considerado ruim nas cidades que foram apresentadas. Anote na lousa os aspectos que podem ser mais relevantes nas falas dos alunos e discuta detalhadamente esses pontos. O tempo para realização de cada atividade, obviamente, vai depender de como a interação com os alunos vai se dar. Pode ser que uma aula seja insuficiente para tal discussão, por isso, sugerimos que se use o tempo necessário para atingir plenamente os objetivos pensados.

Módulo 3

Com um mapa-múndi, destaque cidades bem distintas do globo. Com os alunos organizados em grupos – pela nossa experiência, podem ser duplas ou trios –, peça que escolham uma cidade. É importante que cidades de todos os continentes sejam escolhidas e, a partir dessa escolha, seja feita uma ampla pesquisa que envolva aspectos centrais, como habitação, transporte, arquitetura, trânsito, infraestrutura de hospitais, escolas e faculdades, poluição e presença de parques e áreas de lazer. Eles devem fazer uma espécie de *check-up* de cada cidade escolhida.

Módulo 4

Os alunos, após o período de pesquisa, devem divulgar os resultados para a classe em uma apresentação oral. Preferencialmente, essa apresentação deve ser acompanhada de imagens que procurem demonstrar aquilo que está sendo exposto. Cada apresentação pode gerar uma discussão que resulte no levantamento dos pontos mais promissores e dos pontos mais frágeis de cada cidade.

Avaliação

Avalie a dimensão da pesquisa, o aprofundamento e o envolvimento dos alunos. Questione-os sobre o que aprenderam e como passaram a ver a cidade escolhida. Faça isso exigindo crítica. Os alunos devem avançar para além das aparências e, para isso, devem ser preparados. Se preferir, solicite uma conclusão por escrito de cada membro do grupo a fim de verificar como apreenderam o tema.

Atividade 2

Cidade e imigração.

Objetivos

Relacionar a dinâmica dos fluxos populacionais à organização do espaço urbano em distintas cidades. Analisar a composição étnica e as influências culturais que identificam certa região urbana. Discutir e analisar a xenofobia.

Desenvolvimento

Módulo 1

Em várias partes do mundo e em distintas épocas, as cidades receberam milhões de imigrantes em busca de melhores condições vida.

A região de Nova York e Nova Jersey tinha um porto na Ellis Island, ao sul de Manhattan, que durante muitos anos, entre os séculos XIX e XX, recebeu cerca de 12 milhões de pessoas vindas de várias partes do mundo. Esse porto é historicamente considerado o principal ponto de entrada de imigrantes do país. No Brasil, o porto de Santos, no estado de São Paulo, foi o ponto de entrada que recebeu, entre o final do século XIX e o início do XX, quase 2,5 milhões de imigrantes, vindos principalmente da Europa e da Ásia.

Exponha aos alunos o que é um processo migratório. Discuta pontos importantes como os motivos que explicam sua ocorrência. Demonstre que os deslocamentos continuam acontecendo em todo o mundo e que várias cidades e países recebem milhares pessoas. Explique que as pessoas se deslocam por variados motivos, que vão desde a busca por melhores condições de vida até razões políticas, como quem sofre perseguições em seus países de origem e necessita de asilo em outras terras. Faça, portanto, uma ampla discussão sobre as causas da imigração, levando os alunos a entender essa complexa questão.

Módulo 2

Apresente os principais fluxos migratórios da atualidade. Veja se os alunos entendem que se trata de algo inevitável e que as pessoas têm o direito de se locomover. Discuta os fluxos que têm ocorrido no Brasil nos últimos períodos, tanto os de entrada como os de saída de pessoas. Analise como as chegadas e as saídas influenciam uma cidade. Se em sua cidade há influência marcante na arquitetura de prédios públicos e privados, na gastronomia ou em outro setor, aponte aos alunos. Leve-os a perceber que os imigrantes são responsáveis pela existência da cidade. Se não há essa característica local, apresente o exemplo da cidade mais próxima.

Módulo 3

Solicite aos alunos que pesquisem sobre imigrações ao Brasil. Oriente-os a procurar conhecer os motivos que trouxeram e ainda trazem imigrantes ao país e quais as cidades mais procuradas. Peça que apontem no caderno o que descobriram: de onde vêm, qual a composição étnica predominante, quais as influências culturais que trazem, por qual motivo migraram/migram, como chegaram/chegam até aqui, onde e como inicialmente viveram/estão vivendo. Trata-se de um levantamento básico que revela os aspectos principais da migração. Por outro lado, peça que busquem também os motivos que levam brasileiros a migrar, apontando para onde vão, como vão e como vivem.

Módulo 4

Em aula, organize um quadro com os dados que os alunos conseguiram levantar. Faça comparações e proponha discussões sobre os aspectos desse fenômeno. Aborde a questão da xenofobia, dos preconceitos e das dificuldades pelas quais os imigrantes passam ao chegar a novas terras. Mostre que muitos dos que estão na sala de aula podem ser descendentes de imigrantes e que, portanto, membros da própria família podem ter passado por esse processo.

Avaliação

Solicite a produção de textos em que discutam a questão.

Caro professor, embora não tenhamos tratado diretamente da questão da imigração em cidades durante o texto deste capítulo, consideramos de suma relevância abordá-lo e propô-lo nesta atividade. É necessária a ideia de pleno combate à xenofobia e a todas as formas de preconceito em nossa e em qualquer sociedade. Os alunos podem tomar mais contato com essa problemática ao realizar atividades que os coloque frente a frente com o tema. Esperamos que, em suas aulas, ao trabalhar temas como este com os alunos, avanços significativos sejam alcançados a fim de que uma realidade mais justa e fraterna seja obtida para todos.

REFERÊNCIAS BIBLIOGRÁFICAS

BARROCAL, André. Favela federal. **Carta na Escola:** atualidades em sala de aula, São Paulo, n. 84, p. 44-47, mar. 2014.

BRASIL. Ministério da Educação. Secretaria de Educação Básica. **Orientações curriculares para o Ensino Médio:** ciências humanas e suas tecnologias. Brasília, 2008.

_____. Ministério da Educação. Secretaria de Educação Média e Tecnológica. **Parâmetros Curriculares Nacionais:** Ensino Médio. Brasília, 1999.

CARLOS, Ana Fani. **A cidade.** 8. ed. São Paulo: Contexto, 2005.

CLAVAL, Paul. **Terra dos homens:** a geografia. São Paulo: Contexto, 2010.

DAVIS, Mike. **Planeta favela**. São Paulo: Boitempo, 2006.

DURAND, Marie-Françoise et al. **Atlas da mundialização:** compreender o espaço mundial contemporâneo. São Paulo: Saraiva, 2009.

GOTTMANN, Jean. **Megalopolis.** New York: Twentieth Century Fund, 1961.

INSTITUTO BRASILEIRO DE GEOGRAFIA E ESTATÍSTICA (IBGE). **Séries históricas e estatísticas**. Rio de Janeiro. Disponível em: <http://seriesestatisticas.ibge.gov.br/series.aspx?vcodigo=POP122>. Acesso em: 5 mar. 2015.

OLIVEIRA, Nelson de (Org.). **Cenas da favela:** as melhores histórias da periferia brasileira. Rio de Janeiro: Geração Editorial, 2007.

SANTOS, Milton. **Pobreza urbana**. 3. ed. São Paulo: Edusp, 2009.

_____. **A urbanização brasileira**. 5. ed. São Paulo: Edusp, 2005.

SCHNEIDER, Wolf C. **História das cidades:** de Babilônia a Brasília. 3. ed. São Paulo: Boa Leitura, [s.d.].

UNITED NATIONS. Department of Economic and Social Affairs. Population Division. **2014 Revision of World Urbanization Prospects**. New York. Disponível em: <http://esa.un.org/unpd/wup/>. Acesso em: 5 mar. 2015.

_____. Department of Economic and Social Affairs. Population Division. **2014 Revision of World Urbanization Prospects:** Data Query. New York. Disponível em: <http://esa.un.org/unpd/wup/DataQuery/>. Acesso em: 19 mar. 2015.

_____. UN-Habitat. Nairobi, 2012. Disponível em: <http://unhabitat.org/>. Acesso em: 19 mar. 2015.

Sugestões de leitura

BARROCAL, André. Favela federal. **Carta na Escola:** atualidades em sala de aula, São Paulo, n. 84, p. 44-47, mar. 2014.

BRASIL. Ministério da Educação. Secretaria de Educação Básica. **Orientações curriculares para o Ensino Médio:** ciências humanas e suas tecnologias. Brasília, 2008.

_____. Ministério da Educação. Secretaria de Educação Média e Tecnológica. **Parâmetros Curriculares Nacionais:** Ensino Médio. Brasília, 1999.

CARLOS, Ana Fani; CARRERAS, Carles (Org.). **Urbanização e mundialização:** estudos sobre a metrópole. São Paulo: Contexto, 2005.

CARLOS, Ana Fani; LEMOS, Amália Inês G. (Org.). **Dilemas Urbanos:** novas abordagens sobre a cidade. São Paulo: Contexto, 2003.

CARLOS, Ana Fani. Apresentando a metrópole na sala de aula. In: _____. (Org.). **A geografia na sala de aula.** 5. ed. São Paulo: Contexto, 2003.

_____. **Espaço e indústria.** 9. ed. São Paulo: Contexto, 2001.

CORRÊA, Roberto L. **O espaço urbano.** São Paulo: Ática, 1989.

OLIVEIRA, Nelson de (Org.). **Cenas da favela:** as melhores histórias da periferia brasileira. Rio de Janeiro: Geração Editorial, 2007.

PINTAUDE, Silvana Maria. A cidade e as formas do comércio. In: CARLOS, Ana Fani (Org.). **Novos caminhos da geografia**. São Paulo: Contexto, 2002.

SANTORO, Paula F. Quem precisa de casa? Especulação sobre as moradias populares e a ocupação segregada das cidades brasileiras. **Carta na Escola:** atualidades em sala de aula, São Paulo, n. 84, p. 48-51, mar. 2014.

6

O lixo como produto urbano

Os desafios da crescente urbanização mundial são inúmeros e levam os responsáveis pela organização das cidades – administradores, legisladores, técnicos – a pensar em como atender às imensas demandas das concentrações populacionais. A necessidade de habitação, saneamento básico, abastecimento de água, infraestrutura para a produção de energia, transporte, calçamento, áreas de lazer, segurança, além dos problemas com as diversas formas de poluição, são alguns desses desafios.

Um dos maiores desafios, porém, é o lixo gerado pelas cidades. Problema complexo, cuja solução está longe do que pode ser considerado adequado no Brasil e em grande parte do mundo, onde ainda se utilizam os chamados lixões, nos quais os resíduos são depositados diretamente no solo, podendo causar sérios problemas ambientais. *Grosso modo*, o lixo pode ser visto como produto da chamada modernidade, do comportamento consumista, da urbanidade que a cada dia concentra mais pessoas em territórios relativamente pequenos, como os das cidades.

Na escola, trata-se de um tema interdisciplinar muito importante, pois pode levar os alunos a pensar o cotidiano e a relação com a construção de um meio ambiente sustentável. Proporcionar aos alunos uma reflexão sobre esse tema, fazendo-os perceber que a cada momento é descartada uma embalagem e que todos temos responsabilidade com as consequências dessa ação, é, a nosso ver, muito importante para a obtenção de uma formação

> **Lixo:** De acordo com Dashefsky: "Lixo é qualquer substância que não é mais necessária e que tem de ser descartada. Pode ser qualquer coisa, desde restos de comida até uma geladeira velha ou um automóvel. Em muitos aspectos, o lixo é semelhante a uma praga ou a uma erva daninha, já que todos os três podem ser considerados úteis se encontrados em outro lugar e em outra hora. O lixo de uma pessoa pode ser alimento de outra pessoa, assim como o que é erva daninha para um pode ser flor para outro. Uma vez que a maior parte do lixo vai hoje para um local de coleta municipal, ele é comumente chamado de resíduo sólido municipal" (1995, p. 175).

crítica. A fim de alcançar a necessária construção de um pensamento que, para além do senso comum, reveja posturas e proponha ações em defesa de um ambiente mais harmônico, entendemos ser tão importante a abordagem de temas interdisciplinares como este.

Como vimos no capítulo anterior, é discutível ver a urbanização apenas como sinônimo de progresso e melhoria da qualidade de vida das pessoas, já que viver nas cidades não significa garantia de obtenção de habitação, transporte, segurança adequados à maioria, entre outras necessidades. Por outro lado, a vida no meio urbano pode ser vista positivamente pelas facilidades que oferece no acesso à cultura, a determinados bens de consumo e a outros serviços considerados primordiais, muito embora dependa de onde, quando e para quem tais serviços estejam disponíveis.

O desenvolvimento da tecnologia que constantemente produz inúmeros novos produtos e as estratégias de *marketing* que se encarregam de apresentar tais produtos às pessoas – os consumidores – fazem os indivíduos buscarem cada vez mais o consumo e o descarte do que se compra, sem a devida criticidade do que pode significar esses atos. Quanto mais rápido se desenvolve a tecnologia para certos bens de consumo, mais se pode observar o descarte prematuro de um aparelho que, por ser considerado antigo, ainda que em bom estado, vai para o lixo.

Por que isso acontece "naturalmente"? Parte desse comportamento é resultado da obsolescência planejada, que é a ação deliberada de fabricantes que, com o intuito de sempre aumentar as vendas, planejam e montam seus produtos com uma durabilidade menor, ou seja, arquitetam objetos feitos para ir ao lixo em um período relativamente curto. Essa situação envolve produtos que, em princípio, deveriam ter grande durabilidade, como equipamentos eletrônicos ou até mesmo automóveis que, depois de poucos anos de uso, passam a não funcionar direito e a necessitar de manutenção. O que em princípio pode parecer normal, já que um aparelho depois de certo desgaste necessita de manutenção, torna-se anormal com a lógica de que consertar não vale a pena, pois gera um gasto relativamente alto. Assim, compra-se um novo, muito mais caro e que em pouco tempo pode apresentar os mesmos defeitos.

Por que consertar não vale a pena? De onde vem esse juízo? A ideia de que um produto está "fora de moda" ou é, supostamente, antigo demais é resultante da obsolescência perceptiva, estímulo criado pelas estratégias de venda para justificar o descarte prematuro. Dependendo de como é utilizado, um produto pode durar mais do que o planejado, mas os consumidores são permanentemente estimulados a descartar para que "sejam felizes"! Em outras palavras, quem não consome nem anda na moda é julgado como ultrapassado, deselegante (essa é boa!) ou vira objeto de piadas, gerando situações constrangedoras, especialmente entre os mais jovens. Com a obsolescência perceptiva, as pessoas sentem-se pressionadas a trocar o que possuem, ainda que em funcionamento, por algo mais novo. Observemos o caso dos aparelhos de telefonia móvel, por exemplo.

Além de serem permanentemente estimuladas pelas estratégias de *marketing*, por que as pessoas se comportam dessa maneira? Por insegurança? Por impulso? Pela necessidade de aceitação no grupo? Por ostentação? Se bem conduzida, certamente essa discussão com os alunos será longa e ganhará profundidade. Severiano e Estramiana, por meio de uma análise psicossocial do fenômeno, expõem claramente o que move a roda consumista e produtora de lixo.

A beleza, a juventude, a felicidade, o sucesso pessoal etc., são cada vez mais reivindicados como um bem a ser adquirido por meio do consumo. Uma enorme gama de novos produtos e serviços passa a ser "ofertada" pela publicidade a um público cada vez mais segmentado, passando isso a significar: "liberdade", "pluralidade" e "democracia". (2006, p. 43)

Isso significa que o consumo é o motor que alimenta um sistema que, em nome de uma falsa promessa de felicidade, retira cada vez mais recursos da natureza, degradando-a. Esse é o caso da mineração, que causa enorme destruição ecológica e social e devolve lixo sob diversas formas ao ambiente, tornando-o cada vez mais tóxico.

> **Mineração:** A respeito da ação depredatória das mineradoras no ambiente, o excelente vídeo *Wake-up call* convida-nos a fazer uma reflexão sobre modismos e consumismo por meio da compreensão dos verdadeiros custos de produção – ambiental e social – de como são concebidos certos produtos amplamente consumidos atualmente.

Tema essencial à discussão da realidade a ser feita com os alunos do Ensino Médio, podemos levantar algumas questões: a produção de lixo seria uma consequência inevitável da urbanização? É possível modificar substancialmente o padrão de consumo das pessoas, ainda que submetidas a uma avalanche propagandística que relaciona o consumo à felicidade?

A cultura do desperdício é dominante e cada vez mais estimulada. Vivemos na era em que imperam os descartáveis: fraldas, lenços, coadores de café, aparelhos de barbear, materiais plásticos e embalagens em geral. O reflexo imediato é a produção extraordinária de resíduos. A cidade de São Paulo, por exemplo, a maior do Brasil, gera em média 20 mil toneladas de resíduos diariamente (residencial, hospitalar, restos de feiras, podas de árvores, entulho etc.). Só de resíduos domiciliares são coletadas aproximadamente 12 mil toneladas por dia (PREFEITURA DE SÃO PAULO, 2015a).

Em supermercados, por exemplo, sempre há a opção de compra de verduras, legumes e frutas em embalagens. Esses produtos superembalados aparentemente apresentam vantagens, mas apenas aparentemente, pois na verdade as embalagens se transformam em lixo e encarecem tais produtos, superando os que estão à venda a granel. Essa opção de compra é mais um reflexo do modo de vida considerado agitado e "moderno" das grandes cidades.

Tal comportamento quase generalizado tem causado muita sujeira ao longo do caminho da humanidade. No caso dos brasileiros, isso se dá literalmente pelo caminho, já que não é raro ver as pessoas descartando o lixo que produzem pela janela do carro, do ônibus, ou simplesmente jogando-o na calçada por onde andam. No entanto, não é desse comportamento apenas que estamos falando aqui, mas sim de uma questão primordial de nosso tempo: o que fazer com o espantoso volume de resíduos gerados nas grandes cidades do mundo? É possível reaproveitá-lo? Qual o caminho a percorrer?

A produção excessiva de lixo e seu consequente prejuízo ao ambiente não é um fenômeno recente. Pode-se dizer que, desde a Revolução Industrial, responsável pela dinamização da produção e pela disponibilização ao consumo de novos produtos, passou a ocorrer uma significativa mudança no comportamento das pessoas. O emprego de novos materiais e a grande quantidade utilizada contribuíram para o aumento da produção de lixo. Consumir, desde então, sem a devida criticidade, tornou-se sinônimo de conforto. Em geral, quanto mais industrializado e desenvolvido for o país, maior é a quantidade de descarte de embalagens de variados tipos e materiais, como papel, plástico e isopor. Isso representa também a maior parte do volume do lixo que se acumula.

Embora pareça óbvio, a crescente produção de lixo em várias partes do mundo industrializado e urbanizado e o evidente problema que isso causa ao ambiente fizeram o lixo passar a ser objeto de preocupação.

Ainda que se fale do meio urbano como local onde há maior produção e concentração de lixo, o meio rural, há algum tempo, incorporou parte dos hábitos e do consumo das cidades. A criação e a plantação de subsistência têm sistematicamente sido substituídas pela compra de alimentos industrializados em mercados, que oferecem inúmeros produtos prontos e embalados. Essa prática gera dois problemas: o primeiro, está relacionado à queda na qualidade da alimentação das pessoas, que deixam de consumir os alimentos da agropecuária de subsistência para comer comida industrializada que apresenta, entre outras modificações, conservantes e excesso de sal e de açúcar; o segundo, por serem alimentos embalados, geram ainda mais lixo, que se não acondicionado e coletado corretamente, como sabemos, provoca danos ao ambiente.

O progresso industrial e produtivo contribuiu para que os resíduos aumentassem. Porém, esse progresso não estimulou as pessoas a ter noção do prejuízo ambiental ao não destinar apropriadamente o lixo produzido que, durante muito tempo, foi abandonado nas vias públicas ou despejado em rios, lagos e mar.

Em relação ao mar, o que dizer da grande quantidade de lixo encontrada no norte do oceano Pacífico? Descobertos em 1997, os detritos compostos principalmente de plásticos provenientes das costas litorâneas e de embarcações que cruzam o mar são levados por correntes marítimas e se concentram no chamado lixão do Pacífico, que pode ser considerado o maior depósito de lixo do mundo. Fala-se até que tenha o tamanho do estado do Texas, nos Estados Unidos. Entretanto, apesar da gravidade da descoberta, não há, até o momento, esforços governamentais para tentar solucionar esse problema, uma vez que se trata de uma região de águas internacionais do imenso oceano com pouco trânsito da navegação mercantil e turística.

É importante lembrar também que, além do excesso de plástico, que constitui a maioria do que está acumulado no "lixão do Pacífico", um dos grandes vilões da concentração de resíduos na atualidade é o chamado lixo eletrônico. Esse tipo de lixo possui muitos componentes recicláveis, como metal, plástico e vidro, mas algumas partes são compostas de chumbo, cádmio e mercúrio, entre outros tóxicos que não devem ser descartados no lixo comum. Dá para imaginar a situação do solo onde tais objetos são depositados, já que a minoria desses componentes recebe a destinação adequada.

A coleta seletiva, a reciclagem e as ações em defesa do meio

A partir de meados da década de 1980, ocorreu a primeira experiência de coleta seletiva no Brasil, na cidade de Niterói, estado do Rio de Janeiro. No final daquela década, em 1989, essa experiência já havia chegado a outros municípios do país. Atualmente, além da coleta seletiva, algumas cidades têm coletores fixos – postos de entrega voluntária –, instalados em parques, por exemplo, aonde é possível levar o lixo seco para recolhimento realizado pela prefeitura posteriormente. Como aumentou muito o consumo de embalagens e de produtos descartáveis, tornou--se fundamental a existência de programas de coleta seletiva para fins de reciclagem dos resíduos produzidos não apenas em âmbito domiciliar como também em indústrias e comércios.

A coleta seletiva é uma das alternativas mais eficientes para reduzir o volume do lixo que vai para os aterros sanitários. Também é uma forma de contribuir com os catadores de materiais recicláveis. O processo de reciclagem, além de colaborar com a preservação ambiental, pode ser fonte de renda, já que gera certa quantidade de empregos, especialmente em cidades grandes. As cooperativas de catadores de papel e de alumínio, por exemplo, já são uma grata realidade em muitos centros urbanos do país.

No Brasil, chega perto de 100% a quantidade de alumínio reciclado (97,9%, em 2012), fazendo do país o primeiro do mundo na reciclagem desse metal. O mesmo não acontece com o vidro, que pode ser reciclado ilimitadamente, mas ainda é pouco coletado e reciclado no Brasil. Estima-se que apenas 49% do vidro reciclável, aproximadamente, passa por esse processo no país. Em relação ao papel e ao plástico, as estimativas brasileiras de reciclagem desses produtos apontam para cerca de 50% e 60%, respectivamente.

Chorume: Trata-se de um líquido – um caldo de resíduos e micróbios – malcheiroso que o lixo acumulado com matéria orgânica produz, conforme se decompõe. A água da chuva também pode compor esse líquido ao se misturar aos resíduos. Muito poluente, contém, além de compostos orgânicos, uma variedade de substâncias perigosas, incluindo metais pesados.

Podemos dizer que o armazenamento de resíduos em locais adequados, como os aterros sanitários, está com os dias contados. Com o constante aumento da produção de lixo, os aterros existentes estão ficando sufocados, fato que coloca a coleta seletiva e a reciclagem em um importante patamar, como uma solução viável econômica e socialmente para um problema tão complexo. Os aterros sanitários cumprem um papel importante, pois são preparados para coletar o chorume e o gás metano produzidos pela decomposição da matéria orgânica. Porém, pensando em uma solução definitiva para o problema do lixo, o ideal seria que não mais existissem aterros tão grandes preparados para receber tanto lixo. Eles deveriam ser substituídos pela coleta seletiva que encaminharia para a reciclagem todo material reciclável e para a compostagem toda matéria orgânica. Com isso, seria mínima a quantidade de lixo que não se encaixaria em nenhuma das duas opções.

Para que essas alternativas obtenham êxito, é necessária a realização de campanhas educativas que mostrem a importância dessas ações e estimulem as pessoas a agir em defesa do meio ambiente. Ainda mais, é preciso que exista vontade política de mudar essa realidade.

Na página da prefeitura da maior cidade do país, consta a seguinte informação sobre a finalidade de um aterro sanitário:

Os aterros sanitários são grandes áreas preparadas tecnicamente para receber os resíduos orgânicos coletados nas residências. Estas áreas contam com garantias de proteção ao meio ambiente, evitando a contaminação do lençol freático. Após o esgotamento dos aterros, a área é totalmente coberta e poderá ser utilizada como área de lazer, depois que o nível de contaminação for praticamente zerado. (PREFEITURA DE SÃO PAULO, 2015b)

Esse texto afirma que os aterros estão preparados para receber "resíduos orgânicos". No entanto, a coleta seletiva ainda engatinha na cidade e a maioria da população não separa o lixo, de modo que o único aterro sanitário em funcionamento localizado no município recebe indistintamente todos os tipos de resíduos.

Essa observação é reveladora do quanto ainda precisamos caminhar para que o Brasil tenha, na prática da coleta seletiva e da reciclagem, uma realidade de sua sociedade. A situação pode ser pior se considerarmos que, em praticamente metade dos mais de 5 mil municípios brasileiros, os detritos sem tratamento são depositados nos chamados lixões. Esses locais, como sabemos, representam uma ameaça à saúde pública em virtude da possível contaminação do solo e do lençol freático.

Sobre a classificação do lixo no Brasil, a Lei nº. 12.305, de 2 de agosto de 2010, que institui a Política Nacional de Resíduos Sólidos, assim os classifica:

Art. 13º. Para os efeitos desta Lei, os resíduos sólidos têm a seguinte classificação:

I – quanto à origem:

a) resíduos domiciliares: os originários de atividades domésticas em residências urbanas;

b) resíduos de limpeza urbana: os originários da varrição, limpeza de logradouros e vias públicas e outros serviços de limpeza urbana;

c) resíduos sólidos urbanos: os englobados nas alíneas "a" e "b";

d) resíduos de estabelecimentos comerciais e prestadores de serviços: os gerados nessas atividades, excetuados os referidos nas alíneas "b", "e", "g", "h" e "j";

e) resíduos dos serviços públicos de saneamento básico: os gerados nessas atividades, excetuados os referidos na alínea "c";

f) resíduos industriais: os gerados nos processos produtivos e instalações industriais;

g) resíduos de serviços de saúde: os gerados nos serviços de saúde, conforme definido em regulamento ou em normas estabelecidas pelos órgãos do Sisnama e do SNVS;

h) resíduos da construção civil: os gerados nas construções, reformas, reparos e demolições de obras de construção civil, incluídos os resultantes da preparação e escavação de terrenos para obras civis;

i) resíduos agrossilvopastoris: os gerados nas atividades agropecuárias e silviculturais, incluídos os relacionados a insumos utilizados nessas atividades;

j) resíduos de serviços de transportes: os originários de portos, aeroportos, terminais alfandegários, rodoviários e ferroviários e passagens de fronteira;

k) resíduos de mineração: os gerados na atividade de pesquisa, extração ou beneficiamento de minérios;

II – quanto à periculosidade:

a) resíduos perigosos: aqueles que, em razão de suas características de inflamabilidade, corrosividade, reatividade, toxicidade, patogenicidade, carcinogenicidade, teratogenicidade e mutagenicidade, apresentam significativo risco à saúde pública ou à qualidade ambiental, de acordo com lei, regulamento ou norma técnica;

b) resíduos não perigosos: aqueles não enquadrados na alínea "a".

Parágrafo único. Respeitado o disposto no art. 20, os resíduos referidos na alínea "d" do inciso I do caput, *se caracterizados como não perigosos, podem, em razão de sua natureza, composição ou volume, ser equiparados aos resíduos domiciliares pelo poder público municipal. (BRASIL, 2010)*

Outros importantes aspectos relacionados a essa lei dizem respeito à proibição de criação de novos lixões, prevendo a construção de aterros em todas as prefeituras do país. Determina ainda que se dê tratamento adequado a cada tipo de lixo e que se intensifique a reciclagem, com destaque à chamada logística reversa, em que o fornecedor deva receber de volta o material descartado após o uso visando sua reutilização.

De toda a discussão feita em torno da questão do lixo, como produto da sociedade, mais especificamente com relação ao meio urbano, um dos aspectos mais importantes é o que está relacionado à percepção da população sobre o problema. Apenas a partir da segunda metade do século XX é que a humanidade percebeu que não é dona do planeta e uma parte de nós passou a se preocupar com ele. Descobertas preocupantes e reveladoras mostraram que a vida na Terra corre sérios riscos – como a que mostrou haver um "buraco" na camada de gás ozônio e a possível existência do aquecimento global – e despertaram a humanidade para esses e outros problemas, como o da questão do lixo.

Paradoxalmente, a quantidade de resíduos produzidos é vista como um indicador do nível de desenvolvimento de um país ou região, ou seja, quanto mais se sujar o ambiente, mais robusta será considerada a economia. Uma lógica que respalda um modelo discutível de sociedade.

A fim de chamar a atenção das pessoas para esse problema, a Segunda Conferência Mundial do Meio Ambiente, a Eco 92, realizada em junho de 1992, na cidade do Rio de Janeiro, foram estabelecidos os "três erres": reduzir, reutilizar e reciclar. Trata-se de um conjunto de medidas previstas na Agenda 21 e válidas para todos os resíduos e efluentes sólidos, líquidos e gasosos que podem assim ser definidos:

- Reduzir: restringir o uso de matérias-primas e energia e diminuir o descarte. Entre outras ações, utilizar novas tecnologias e materiais que agridam o ambiente o mínimo possível. É um desafio grande, uma vez que propõe um enfrentamento ao modelo da sociedade de consumo.

- Reutilizar: consiste em utilizar determinado produto mais de uma vez para seu devido fim ou para outro que seja adequado. Com atitudes simples, como utilizar folhas para rascunho e embalagens recarregáveis, comprar refis, adotar tecnologias mais limpas, entre outras.

- Reciclar: aproveitar os componentes de um produto para fabricar outro. Nesse caso, o primeiro passo é fazer a separação do lixo em casa.

Mais recentemente, foram acrescentados mais "dois erres". Assim, surgiu a política dos cinco R's com o "repensar", que consiste em rever os hábitos de consumo e de descarte, analisando se o que se compra é realmente necessário, e o "recusar" a consumir produtos que agridam o meio ambiente e a saúde. Segundo o Ministério do Meio Ambiente, "os cinco R's fazem parte de um processo educativo que tem por objetivo uma mudança de hábitos no cotidiano dos cidadãos. A questão-chave é levar o cidadão a repensar seus valores e práticas, reduzindo o consumo exagerado e o desperdício" (BRASIL, 2015c).

Lixo e saúde

Por razões óbvias, o lixo pode ser fonte de problemas de saúde para qualquer ser vivo. No caso dos resíduos domésticos, por exemplo – vistos como "resíduos não perigosos", conforme descrito na lei que classifica o lixo no Brasil –, o grande problema está na forma como são descartados. Os lixões, que existem em grande quantidade no país, permitindo o contato de pessoas e animais diretamente com o que ali é depositado, são fonte de doenças. O lixo que se encontra nesses locais permanece descoberto e sujeito à ação do tempo, como a chuva que "lava a sujeira" e a leva para córregos e rios; produz o chorume que escorre pelo solo, poluindo-o, e contamina também as águas subterrâneas e poços; atrai diversos tipos de insetos que podem transmitir uma infinidade de doenças, entre outros possíveis problemas.

Césio-137: O cloreto de césio-137 (CsCl) é um material radioativo que emite radiações gama. Os raios gama são utilizados no tratamento de doenças graves, como câncer, por meio da radioterapia. Se não manipulados por profissionais, podem ser extremamente nocivos à saúde porque possuem um grande poder de penetração. Eles invadem as células do organismo e podem levar à morte.

No entanto, não são apenas os resíduos domésticos considerados não perigosos que são depositados em lixões a céu aberto. Ainda na memória de muitos brasileiros está o grave caso ocorrido na cidade de Goiânia, em 1987, quando centenas de pessoas foram contaminadas pela radiação após terem manipulado césio-137. Ao desmontar um aparelho de radioterapia abandonado, o dono de um ferro-velho expôs ao ambiente 19,26 gramas de um pó branco, o césio-137, parecido com o sal de cozinha que, no escuro, brilha com uma coloração azul. Fascinado com o brilho azul emitido pela substância, resolveu mostrar o achado a seus familiares, amigos e vizinhos, que aproveitaram para levar para casa um pouco daquele pó. Assim o material radioativo foi espalhado e resultou em doença e mortes. Esse foi o maior acidente radioativo do Brasil e é considerado o maior do mundo ocorrido fora das usinas nucleares.

A despeito de graves situações como essa, o ilógico permanece vivo e muitas pessoas no Brasil ainda "vivem do lixo". Não é raro ver pessoas coletando material reciclável em lixões a céu aberto; pior ainda é saber que muitos buscam comida. Infelizmente, isso não acontece só no Brasil. Tal situação é reveladora do tipo de sociedade que foi construída até hoje aqui e em outras partes do mundo, em que pessoas que não possuem nada – nesse caso, não possuir nada significava não ter dinheiro – são tratadas como se não existissem. Também nas ruas das grandes cidades brasileiras, é possível observar pessoas remexendo lixeiras em busca de comida ou, em situação aparentemente menos grave, que trabalham coletando material reciclável nessas mesmas lixeiras, embora não devessem.

Sobre essa temática, filmes já foram produzidos, como o clássico curta-metragem *Ilha das Flores* e o ótimo documentário *Lixo extraordinário*, mais recentemente. Ambos evidenciam a condição de vida de pessoas que, podemos dizer, são quase invisíveis às vistas da sociedade.

Queima

Entre as soluções para o problema do lixo, está a queima que, embora controversa, tem sido adotada cada vez mais.

Uma das vantagens de se incinerar o lixo em fornos e usinas próprias para esse fim é que o fogo reduz muito o volume de detritos. O que resta são escórias que devem ser levadas para um aterro sanitário ou, dependendo do tipo de material, podem ser usadas em outras áreas, como a construção civil. Além disso, a queima destrói microrganismos contidos principalmente no lixo de origem hospitalar e industrial, que são mais perigosos.

Com a crescente necessidade de energia no mundo e o aumento do volume de lixo produzido, pode ser uma opção bastante interessante a queima de resíduos com esse objetivo. A energia pode ser obtida a partir do acionamento de turbinas movidas pelo vapor, que gera eletricidade para inúmeros fins. O lixo pode contribuir de duas maneiras para a produção de energia ou calor: por meio da queima direta dos resíduos (como vimos) ou do biogás produzido com a decomposição da matéria orgânica do lixo.

Ilha das Flores: O documentário, dirigido por Jorge Furtado, retrata a condição de pessoas que buscam comida em um lixão, "a Ilha das Flores", apenas depois que os porcos de um sitiante comem no mesmo lugar. Revelador do funcionamento da sociedade de consumo, mostra pessoas que "não possuem nada", nem mesmo a dignidade, que lhes fora levada. O curta-metragem expõe de maneira crítica e dramática as profundas desigualdades socioeconômicas.

Lixo extraordinário: Bastante premiado, esse documentário, realizado entre 2007 e 2009 e dirigido por João Jardim, Karen Harley e Lucy Walker mostra o trabalho de Vik Muniz, um artista plástico que retrata e acompanha um grupo de catadores de material reciclável no aterro sanitário de Gramacho (hoje fora de operação), no município de Duque de Caxias (RJ). Transformados em arte, os retratos revelam, por sua vez, a dignidade, o desespero e a esperança das pessoas.

Sobre a primeira opção, não há consenso em relação às emissões de gases tóxicos e até mesmo cancerígenos, como as dioxinas. Fala-se na queima a ser realizada cima dos 900 °C, que eliminaria o risco de contaminação atmosférica. Controvérsias à parte, são os países mais industrializados que utilizam essas técnicas, como o Japão, que se destaca pela grande quantidade de incineradores, cerca de 800, e países da Europa, que somados possuem aproximadamente 460. Estados Unidos e China vêm logo em seguida.

Em relação à segunda opção, cabe lembrar que o lixo produz gases que interferem no ambiente e são nocivos à saúde, como o gás metano e o gás sulfídrico. O metano, por exemplo, tem capacidade muito maior que a do gás carbônico de aumentar as consequências do efeito estufa. Daí a importância de se queimar o metano em usinas de biogás que, além de eliminá-lo, gera energia. No Brasil existem poucas usinas de biogás instaladas em antigos aterros sanitários, como, por exemplo, nos aterros Bandeirantes e Sítio São João, em São Paulo, e no aterro de Gramacho, em Duque de Caxias, no Rio de Janeiro.

As usinas de biogás podem produzir energia com o lixo orgânico produzido nos meios urbanos, sobretudo residencial, e também com vários outros tipos de materiais orgânicos, como resíduos da indústria de alimentos, de produção animal, da produção agrícola, da vinhaça e das estações de tratamento de esgoto.

Compostagem

Embora ainda pouco difundida, a compostagem pode ser uma excelente alternativa no auxílio para a resolução do problema do lixo no meio urbano. Podemos afirmar que sua prática pode ser vista como uma imitação daquilo que a natureza realiza quando resíduos de origem vegetal ou animal são absorvidos por um ecossistema e reaproveitado como fonte de nutrientes para o solo e, consequentemente, para vegetais.

Trata-se um processo biológico de decomposição da matéria orgânica contida em restos de origem animal e/ou vegetal. O composto resultante de todo o processo propicia um destino adequado aos resíduos de origem orgânica, ao ser utilizado como adubo na agricultura para melhorar as características do solo, evitando, assim, o uso de fertilizantes sintéticos. Nas cidades, ao serem acondicionados e apodrecerem dentro de sacos plásticos, que é a prática mais comum nas residências, os res-

Ecossistema: "Descrição de todos os componentes de uma área específica, incluindo os componentes vivos (organismos) e os fatores não vivos (como ar, solo e água), além das interações que existem entre todos esses componentes. Essas interações proporcionam uma diversidade relativamente estável de organismos e envolvem uma contínua reciclagem de nutrientes entre os componentes. A área definida como um ecossistema é arbitrária. Ela pode ser um sistema biológico complexo, tal como um bioma ou um hábitat, tal como um lago ou uma floresta. Entretanto, pequenos núcleos de existência, como um tronco apodrecido de árvore, podem ser considerados e estudados como um ecossistema." (DASHEFSKY, 2003, p. 105-106)

tos de comida geram gás metano (CH4) que, como sabemos, é muito prejudicial à atmosfera por ser um gás que aumenta substancialmente as implicações do efeito estufa. Com a compostagem, todo material pode ser transformado em fertilizante natural para jardins e hortas.

Salvo exceções, não se observa uma preocupação coletiva com os problemas do lixo. Subsiste a ideia de que lixo é um problema da prefeitura, que tem a obrigação de recolhê-lo e levá-lo para algum lugar bem longe das residências. É claro que quase não há um programa de educação ambiental que estimule as pessoas a mudar sua prática; não há, salvo raríssimas exceções, um esforço do poder público e de instituições como a imprensa, especialmente a televisiva, para mudar tal realidade. Ao contrário. Na televisão, o que se faz a todo momento é reproduzir a lógica consumista, estimulando cada vez mais as compras descontroladas e desnecessárias.

E na escola? O que fazemos? O descarte de lixo das escolas, que em grande parte é constituído de material reciclável, poderia ser um caminho para construir a ideia de que o lixo é um problema de todos, uma vez que o planeta está sendo poluído. Nas escolas, há muito lixo orgânico também, proveniente da merenda oferecida aos alunos e/ou de sobras da cantina. Estes poderiam se tornar um projeto de compostagem envolvendo a todos.

Embora a passos ainda tímidos, essa realidade está sendo mudada em alguns municípios, por meio de avanços nas leis e normas ambientais de nosso país. Na cidade de São Paulo, por exemplo, o projeto "Composta São Paulo" visa conscientizar moradores da cidade sobre a compostagem doméstica como forma de reciclar os resíduos orgânicos produzidos nas residências, levando informações pertinentes para a multiplicação dessa prática entre a população da cidade.

6.1 COM OS ALUNOS

Para iniciar uma conversa sobre o assunto com os alunos, podemos perguntar o que é ou o que pode ser considerado lixo e o que fazer com ele. Outra ideia é discutir a respeito da existência dos lixões espalhados pelo país, dos aterros sanitários e suas funções e das possíveis formas de descarte dos resíduos domésticos. Também podemos falar sobre as alternativas, como separar o lixo a fim de dar a destinação adequada aos que são recicláveis e ao lixo orgânico, utilizando composteiras, por exemplo.

Entendemos que, na escola, em nossas aulas, esse tema interdisciplinar não pode faltar. Discutir e estudar com os alunos as questões mais evidenciadas da (des)organização social e que fazem parte da vida cotidiana pode construir a necessária mudança na racionalidade vigente.

A escola não pode contar com aqueles que poderiam colaborar – pela força que possuem – com causas tão importantes à sociedade e ao meio ambiente. Referimo-nos à imprensa, que em nada ajuda; ao meio empresarial que, salvo exceções, está preocupado apenas em faturar; e aos governos que, novamente, salvo uma minoria, não têm o compromisso que dizem ter quando estão em campanha.

Talvez não seja uma tarefa fácil convencer o ouvinte de que o lixo deve ser objeto de preocupação de todos. E, na escola, o desafio de ensinar e de aprender aumenta por se tratar de um assunto pelo qual, em princípio, a maioria das pessoas não demonstra preocupação, embora seja uma necessidade óbvia se preocupar, ainda mais em uma sociedade em que o que vale é o consumo, desenfreado e desnecessário, estimulado a todo o momento pelas estratégias de *marketing* divulgadas nos meios de comunicação. Em uma sociedade cuja maioria ingenuamente busca a felicidade nas compras e não dá a mínima para o produto de seu comportamento, a propaganda está em todos os locais para onde olhamos, nas ruas e avenidas, em *outdoors*, luminosos, placas etc. Entretanto, é necessário avançar e conseguir alguma mudança de comportamento por meio da perseverança ao tratar do assunto.

Somos mais de 7 bilhões de habitantes na Terra. Quanto de lixo é produzido por dia no planeta? Entre países ditos desenvolvidos e aqueles considerados emergentes e subdesenvolvidos, qual é a diferença de quantidade e de material descartado? Quais são as doenças mais comuns causadas pelo manuseio do lixo? Essas são questões que podem ser levantadas com os alunos e cuja discussão certamente vai contribuir para que se construa uma visão crítica da realidade.

O lixo urbano parece ser um problema sem solução, mas não é, embora todas as formas de tratamento atuais gerem algum outro problema. Os aterros, por exemplo, que apresentam vantagens e desvantagens, são caros. De acordo com o Ministério do Meio Ambiente (BRASIL, 2015b), os custos estimados para a implantação de aterros são os seguintes: aterro de pequeno porte (100 t/dia): R$ 5,2 milhões; aterro de médio porte (800 t/dia): R$ 18,4 milhões; aterro de grande porte (2.000 t/dia): R$ 36,2 milhões. Sobre os lixões, não é necessário comentar.

Desafiadora, a melhor forma de colaborar para resolver o problema do lixo é diminuir sua produção. A compreensão e a prática dos cinco R's são fundamentais para a preservação ambiental e deve fazer parte do cotidiano das pessoas, das empresas – que mais poluem e produzem lixo – e dos governos. Portanto, embora existam inúmeras tecnologias desenvolvidas para processar o lixo, a melhor saída é, sem dúvida, a mudança de comportamento da sociedade que pode, dessa forma, transformar um grande problema em um problema menor.

Na atualidade, um exemplo a ser debatido com os alunos a fim de levá-los à reflexão sobre produção de lixo é o do consumo de aparelhos de telefonia celular. A indústria eletrônica gera, anualmente, cerca de 41 milhões de toneladas de lixo eletrônico, com tendência a aumentar, uma vez que o descarte desses aparelhos é cada vez mais comum.

O comportamento que se tornou regra e que é resultante da obsolescência perceptiva é o seguinte: se eu tenho um aparelho "y" que funciona perfeitamente, mas que já não é o último modelo lançado pela empresa "x", a propaganda subliminarmente me diz "seja feliz e compre o modelo mais novo"; "seja aceito pelo grupo e adquira o modelo mais moderno"; "compre o novo modelo e provoque inveja nos seus 'amigos'", e por aí vai. Que triste não? Os aparelhos descartados, ainda em funcionamento, ficam antiquados segundo o ideário consumista. Muitas operadoras de telefonia móvel "brindam" seus clientes com aparelhos novos a cada ano como forma de mantê-los. A maioria dos consumidores acha isso natural e até vantajoso! Mas é vantajoso para quem?

Uma parte dos atos que a humanidade de hoje, cuja maioria vive nas cidades, pratica cotidianamente sem refletir é seguida de outro gesto que se tornou automático: sobrou, jogue fora, mesmo para comida em condição de consumo.

De acordo com um estudo da Organização das Nações Unidas para a Alimentação e a Agricultura (FAO):

O nível mais elevado de desperdício de alimentos nas sociedades ricas resulta de uma combinação entre o comportamento do consumidor e a falta de comunicação ao longo da cadeia de abastecimento. Os consumidores não conseguem planejar suas compras de forma eficaz e, por isso, compram em excesso ou exageram no cumprimento das datas de validade dos pro-

dutos; enquanto os padrões estéticos e de qualidade levam os distribuidores a rejeitar grandes quantidades de alimentos perfeitamente comestíveis.

Nos países em desenvolvimento, as grandes perdas pós--colheita, ainda na fase inicial da cadeia alimentar, são o principal problema, ocorrendo como resultado de limitações financeiras e estruturais nas técnicas de colheita e infraestrutura de transporte e de armazenamento, combinadas com as condições climáticas que favorecem a deterioração dos alimentos. (ORGANIZAÇÃO DAS NAÇÕES UNIDAS PARA A ALIMENTAÇÃO E A AGRICULTURA, 2015)

Se ocorre com alimentos, a prática do descarte não poderia ser diferente com os objetos. É necessário contrariar a indústria do consumo por meio da mudança de hábitos, passando a comprar só o necessário e consertando o que pode ser consertado, em vez de substituir.

A infinidade de embalagens que usamos todos os dias vira lixo, formando, literalmente, montanhas de resíduos que sobrecarregam os aterros sanitários, onde existem, ou os lixões. Os materiais que descartamos no meio ambiente não se desfazem rapidamente. Vejamos o tempo de decomposição de alguns deles: papel, de 3 a 6 meses; tecidos, de 6 meses a 1 ano; metal, mais de 100 anos; alumínio, mais de 200 anos; plásticos, mais de 400 anos; vidro, mais de 1.000 anos (BRASIL, 2015a).

Um bom exercício para aumentar a consciência a respeito do problema do lixo é "convidar" os alunos a observar a quantidade de lixo que produzimos por dia. Devemos "dar uma olhada" nas lixeiras de casa e perceber o quanto o lixo aumenta todos os dias. Depois, é preciso pensar em cada uma das residências da rua, do bairro, da cidade, do Brasil e do mundo. Podemos imaginar também o quanto de lixo é produzido por um hospital, por uma fábrica, por lojas etc. Em seguida, associando ao tempo de decomposição de cada material, podemos pensar no tamanho do problema. Entendemos que seja fundamental que os alunos compreendam essa situação que, a nosso ver, pode ser o início de uma mudança de comportamento deles e de todos nós.

Sequência didática

Esta sequência didática é uma reprodução da que foi publicada em nosso livro destinado ao ciclo II do Ensino Fundamental (PEREIRA, 2012, p. 54-55).

Entendemos que, por se tratar de um assunto tão importante, as reflexões acerca do tema não poderiam ficar restritos a um ou outro nível de ensino, já que não há idade para que tenhamos compromisso com a sustentabilidade. A realidade exige novas posturas de todos nós. Assim, a reprodução da sequência didática neste livro permite que reiteremos o que defendemos como forma de se buscar, cada vez mais, a construção de uma sociedade que seja plural e que dialogue verdadeiramente com a preocupação que temos na construção de um mundo justo e sustentável.

Atividade

A responsabilidade pelo lixo doméstico.

Objetivos

Observar e registrar o lixo produzido em casa. Refletir a respeito dos resíduos que produzimos: origem, destino e consequências para o meio ambiente.

Desenvolvimento

Módulo 1

Peça aos alunos que observem, todos os dias, durante uma semana, o lixo produzido em suas residências e façam os registros diários, abordando sua composição. Eles devem anotar, calculando uma porcentagem aproximada, a quantidade de matéria de origem orgânica – como restos de comida e outros – de embalagens (materiais recicláveis), as mais variadas, como metal, vidro, papel, plástico etc., os chamados resíduos sólidos.

Módulo 2

Com os registros feitos, analise os resultados com os alunos e compare a porcentagem aproximada de matéria orgânica e de resíduos sólidos. Discuta o tema e fundamente, para os alunos, o problema do lixo na atualidade. Leve-os a perceber que as toneladas de lixo que são produzidas diariamente em grandes cidades constituem um problema sério e avalie a destinação que é dada a esse lixo.

Módulo 3

Dê subsídios aos alunos para que, organizados em grupos, realizem entrevistas com membros da família, vizinhos ou pessoas da comunidade a respeito do que pensam sobre o problema do lixo. Com a turma de alunos, organize um roteiro de questões que se relacione com o resultado revelado pela primeira etapa da atividade. Entre as perguntas que podem fazer parte do roteiro, sugerimos as seguintes: há separação desse lixo para a coleta seletiva ou entrega em algum posto de coleta ou a um catador? O que pensam sobre o destino do lixo produzido em casa? E a respeito da reciclagem?

Módulo 4

Com mais esse material em mãos, proponha uma nova análise dos resultados e uma conversa, entre todos, a respeito de como se sentiram realizando essa atividade. Aborde, entre outros aspectos, como viam a questão do lixo antes da realização da tarefa e qual é, agora, a opinião deles a respeito do assunto.

Módulo 5

Organize uma atividade complementar. Proponha uma visita a um aterro sanitário da cidade ou ao local onde o lixo municipal é depositado. Essa atividade pode contribuir para que os alunos se preocupem mais com os efeitos da grande produção de lixo.

Avaliação

Ao final, com o objetivo de aprofundar o assunto, ao mesmo tempo que o discute em sala de aula, proponha uma pesquisa, em sites da internet e em livros ou revistas que tratem do tema, de assuntos relativos às consequências ambientais resultantes do descarte de lixo, como a produção do chorume, o odor liberado próximo aos locais onde é depositado, a saturação de aterros etc.

REFERÊNCIAS BIBLIOGRÁFICAS

BRASIL. Ministério da Educação. Secretaria de Educação Básica. **Orientações curriculares para o Ensino Médio:** ciências humanas e suas tecnologias. Brasília, 2008.

_____. Ministério da Educação. Secretaria de Educação Média e Tecnológica. **Parâmetros Curriculares Nacionais:** Ensino Médio. Brasília, 1999.

_____. Ministério do Meio Ambiente. **Impacto das embalagens no meio ambiente**. Brasília. Disponível em: <www.mma.gov.br/ responsabilidade-socioambiental/producao-e-consumo-susten-

tavel/consumo-consciente-de-embalagem/impacto-das-embalagens-no-meio-ambiente>. Acesso em: 31 maio 2015a.

_____. Ministério do Meio Ambiente. **Resíduos sólidos**. Brasília. Disponível em: <www.ministeriodomeioambiente.gov.br/mma-em-numeros/residuos-solidos>. Acesso em: 31 maio 2015b.

_____. Ministério do Meio Ambiente. **A política dos 5 R's**. Brasília. Disponível em: <www.mma.gov.br/comunicacao/item/9410>. Acesso em: 30 maio 2015c.

_____. Presidência da República. Lei nº 12.305, de 2 de agosto de 2010. Institui a Política Nacional de Resíduos Sólidos; altera a Lei nº 9.605, de 12 de fevereiro de 1998; e dá outras providências. Brasília, 2010. Disponível em: <www.planalto.gov.br/ccivil_03/_ato2007-2010/2010/lei/l12305.htm>. Acesso em: 29 mar. 2015.

DASHEFSKY, H. Steven. **Dicionário de ciência ambiental:** um guia de A a Z. 3. ed. São Paulo: Gaia, 2003.

EIGENHEER, Emílio M. **Coleta seletiva de lixo:** experiências brasileiras. Rio de Janeiro: ISER, 1993.

ORGANIZAÇÃO DAS NAÇÕES UNIDAS PARA A ALIMENTAÇÃO E A AGRICULTURA (FAO). **Desperdício de alimentos tem consequências no clima, na água, na terra e na biodiversidade**. Brasília. Disponível em: <www.fao.org.br/daccatb.asp>. Acesso em: 1º jun. 2015.

PEREIRA, Robson da S. A sociedade de consumo In: _____. **Geografia**. São Paulo: Blucher, 2012. (Coleção A reflexão e a prática no ensino, v. 7). p. 43-58.

PREFEITURA DE SÃO PAULO. Secretaria Municipal de Serviços. **A coleta de lixo em São Paulo**. São Paulo. Disponível em: <www.prefeitura.sp.gov.br/cidade/secretarias/servicos/coleta_de_lixo/index.php?p=4634>. Acesso em: 29 mar. 2015a.

_____. Autoridade Municipal de Limpeza Urbana (Amlurb). **Aterros sanitários**. São Paulo. Disponível em: <www.prefeitura.sp.gov.br/cidade/secretarias/servicos/amlurb/aterros_e_transbordos/index.php?p=4633>. Acesso em: 29 mar. 2015b.

THE GAIA FOUNDATION. **Wake-up call**. Disponível em: <www.gaiafoundation.org/wakeupcall/>. Acesso em: 29 mar. 2015.

Sugestões de leitura

BRASIL. Ministério da Educação. Secretaria de Educação Básica. **Orientações curriculares para o Ensino Médio:** ciências humanas e suas tecnologias. Brasília, 2008.

_____. Ministério da Educação. Secretaria de Educação Média e Tecnológica. **Parâmetros Curriculares Nacionais:** Ensino Médio. Brasília, 1999.

COMPOSTA SÃO PAULO. São Paulo, 2014. Disponível em: <www.compostasaopaulo.eco.br/>. Acesso em: 8 abr. 2015.

EIGENHEER, Emílio M. **Coleta seletiva de lixo:** experiências brasileiras. Rio de Janeiro: ISER, 1993.

PEREIRA, Robson da S. A sociedade de consumo. In: _____. **Geografia**. São Paulo: Blucher, 2012. (Coleção A reflexão e a prática no ensino, v. 7). p. 43-58.

RODRIGUES, Luiz F.; CAVINATTO, Vilma M. **Lixo:** de onde vem? 3. ed. São Paulo: Moderna, 1997.

WALDMAN, Maurício. Mais água, menos lixo: reciclar ou repensar? **Boletim Paulista de Geografia,** São Paulo, n. 79, p. 91-106, jul. 2003.

WALDMAN, Maurício; SCHNEIDER, Dan M. **Guia ecológico doméstico**. São Paulo: Contexto, 2000.

Sugestões de filme

ILHA DAS FLORES. Direção: Jorge Furtado. Produção: Giba Assis Brasil, Mônica Schmiedt, Nôra Gulart. Roteiro: Jorge Furtado. Elenco: Ciça Reckziegel. Narração: Paulo José. Fotografia: Roberto Henkin, Sérgio Amon. Edição: Giba Assis Brasil. Direção de arte: Fiapo Barth. Brasil: Casa de Cinema de Porto Alegre, 1989. (13 min). Disponível em: <http://portacurtas.org. br/filme/?name=ilha_das_flores>. Acesso em: 31 mar. 2015.

LIXO EXTRAORDINÁRIO. Direção: João Jardim, Karen Harley, Lucy Walker. Produção: Angus Aynsley, Hank Levine. Elenco: Vik Muniz. Fotografia: Dudu Miranda, Ernesto Hermann, Heloísa Passos. Trilha Sonora: Moby. Brasil / Reino Unido: Almega Projects / O2 Filmes, 2010. (90 min). Distribuidora: Downtown Filmes.

7

Meio ambiente urbano

Muito se fala em qualidade de vida nas metrópoles, na necessidade de as cidades serem sustentáveis, na possibilidade de se viver bem no meio urbano ainda que a "vida corrida" e o cansaço acompanhem as pessoas. No entanto, a despeito das tentativas de melhoria postas em prática até agora, habitar grandes cidades, especialmente aquelas localizadas nos países que não são considerados desenvolvidos, podemos dizer, não tem sido sinônimo de qualidade de vida para a maioria das pessoas. Viver com qualidade envolve diversos aspectos relacionados à saúde, ao ambiente, às relações pessoais, enfim, ao se sentir bem com a vida que se tem e no local em que se vive.

Políticas públicas que visem minimizar as diferenças socioeconômicas, diminuir os diversos tipos de poluição, resolver problemas de mobilidade urbana, entre outras ações, são necessárias para melhorar a vida dos habitantes das metrópoles. Com infraestrutura adequada e esforços conjuntos para enfrentar os problemas das cidades, a situação de muitos lugares pode ser melhor.

Além dos aspectos que são comuns a todos, como os citados, há também os que são mais voltados para a vida individual e que remetem a uma qualidade de vida baseada em hábitos considerados saudáveis, como evitar o sedentarismo por meio da prática esportiva, ter uma alimentação equilibrada – embora evitar os alimentos processados seja um grande desafio para quem vive nas cidades –, ter tempo para o lazer, entre outros hábitos que fazem a pessoa sentir-se bem, ou seja, sentir que tem controle sobre a própria vida.

Sustentáveis: De acordo com Trigueiro: "Novo modelo de desenvolvimento, em processo de construção, que surge no final do século 20 como resposta ao esgotamento de um modelo que o relatório brasileiro para a Rio-92 descreve como 'ecologicamente predatório, socialmente perverso e politicamente injusto'. Requer um horizonte de planejamento que vai além das necessidades e aspirações das populações atuais e exige, de imediato, a integração das questões ambientais, sociais e econômicas. A adoção de um ponto de vista multigeracional no cuidado com o capital natural e a imposição de limites ao crescimento foram ideias amadurecidas no decorrer do século passado, culminando em 1987 na definição clássica de desenvolvimento »»

»» sustentável enunciada no Relatório Brundtland, em que este é apresentado como o 'desenvolvimento que atende às necessidades do presente, sem comprometer a capacidade de as futuras gerações atenderem às suas próprias necessidades'. Se inicialmente o desenvolvimento sustentável pretendia ser abrangente ao englobar não apenas aspectos econômicos, mas também sociais e ambientais, hoje essa perspectiva é bastante mais ampla, e a noção de sustentabilidade adotada pela Agenda 21 Brasileira incorpora as dimensões ecológica, ambiental, social, política, econômica, demográfica, cultural, institucional e espacial. Trata-se de um conceito cuja definição suscita muitos conflitos e mal-entendidos, refletindo as diferentes visões de mundo dos diversos atores envolvidos no debate. Muitas vezes é enfocado numa visão reformista, de reafirmação do modelo atual, apenas com melhor gerenciamento de seus custos sociais e ambientais e sem incorporar a participação pública. Apesar de dar margem a múltiplas interpretações, o conceito de desenvolvimento sustentável tem se mantido em cena, e as disputas teóricas que provoca contribuem para ampliar e aprofundar a compreensão da questão ambiental" (2005, p. 348-349).

Aqui cabe uma importante indagação, pois muitas pessoas não gostam e não querem, por exemplo, realizar exercícios físicos para obter os benefícios que essa prática oferece. Se alguém tem consciência de que essa é a opção que a fará mais feliz, então pode-se dizer que também busca obter qualidade de vida, afinal, não dá para afirmar que alguma pessoa, estando infeliz com o que faz – ainda que supostamente tal atividade lhe traga benefícios à saúde –, tenha qualidade de vida. O mais importante é que o indivíduo se sinta bem e feliz e não prejudique outras pessoas.

Desse modo, discutir qualidade de vida e/ou saúde é relevante quando o tema é visto como uma construção sociocultural e o bem-estar da sociedade é colocado em primeiro lugar. Nesse processo, o espaço vivido desempenha papel fundamental.

Os Parâmetros Curriculares Nacionais, na apresentação dos Temas Transversais sobre o conceito de saúde, afirmam:

O que se entende por saúde depende da visão que se tenha do ser humano e de sua relação com o ambiente, e este entendimento pode variar de um indivíduo para outro, de uma cultura para outra e ao longo do tempo. A diversidade de expressões idiomáticas e artísticas relacionadas ao assunto pode ilustrar a enorme variedade de maneiras de sentir, viver e explicar valores e padrões de saúde ou doença. É necessário reconhecer que a compreensão de saúde tem alto grau de subjetividade e determinação histórica, na medida em que indivíduos e coletividades consideram ter mais ou menos saúde dependendo do momento, do referencial e dos valores que atribuam a uma situação. (BRASIL, 1998, p. 250)

Na aula, esse estudo envolve várias formas de análise e, por isso, nós o vemos como mais um tema interdisciplinar, afinal, é cada vez mais comum o reconhecimento da necessidade de diálogo entre as áreas de conhecimento para explicar os fenômenos, os conceitos e a abordagens de temas que estão presentes no cotidiano dentro e fora da escola. Levar os alunos a refletir a respeito da vida que levamos e de como ela tem sido vivida e a discutir soluções para que se torne melhor é essencial ao desenvolvimento pessoal e à vida em sociedade. A contribuição da geografia, com sua análise do espaço, conjugada com os pontos de vista da sociologia, da história, da filosofia, das artes, da literatura e da biologia, por exemplo, vão tornar a discussão e a compreensão desse tema muito mais rica e significativa.

Analisar o meio ambiente urbano exige uma abordagem ampla sobre um espaço que possui características complexas. As cidades espalhadas pelo mundo são muito distintas entre si pela história que possuem, pelos aspectos geográficos, por características socioculturais, entre outros importantes fatores. Porém, a despeito das diferenças, há um aspecto que é comum a todas e que se tornou urgente com o rápido crescimento urbano mundial: a necessidade da sustentabilidade.

Por reunir muitos habitantes e pela complexidade das várias ordens que possuem, as cidades podem ser consideradas o *locus* para que medidas sustentáveis sejam criadas e ampliadas, a fim de que seus impactos sejam benéficos a todos os moradores e influenciem muito além de seus limites territoriais urbanos.

Habitadas por milhares ou, em vários casos, milhões de pessoas, as cidades são palco de lutas sociais e disputas políticas que, muitas vezes, estão relacionadas com as questões ambientais. São essas questões que tornam as cidades contemporâneas mais parecidas entre si, pois, como é sabido, em muitas delas pelo mundo, o excesso de população associado a um desenvolvimento desordenado gera sérios problemas de ordem social e ambiental – as enchentes, os deslizamentos de terra, o assoreamento e a poluição dos rios, entre outros – e de saúde – aumento de vários casos de doenças que são comuns em ambientes urbanos. Tudo isso faz com que a cidade seja vista também como um lugar que oprime seus moradores, especialmente quando se pensa nas consequências para a saúde causadas pela constante tensão cotidiana vivida no trânsito, no ar poluído que se respira e em todos os aspectos que caracterizam a vida nas grandes cidades atuais.

Saldiva aponta para a necessidade de atenção a esse problema que afeta a todos os habitantes de cidades superpopulosas e que, muitas vezes, passa despercebido:

É até paradoxal que viver nas grandes cidades não tenha sido objeto de uma análise mais profunda dos órgãos de saúde. Quem, dentre os que ora leem este documento, desconhece a pressão que as metrópoles exercem sobre os seus habitantes? A violência urbana, a tensão do trânsito, os congestionamentos que nos impedem de cumprir nossos compromissos não comprometem, porventura, nossa saúde mental? O ruído constante de milhões de veículos, não prejudica nossa audição? A contaminação de águas, pelo passivo ambiental das indústrias que abandonaram a cidade para dar lugar aos conjuntos de apar-

tamentos onde moramos ou pela infiltração de combustíveis e derivados nos milhares de pontos de contaminação dos postos de abastecimento, não afeta o homem? As inundações, com os deslizamentos de terra e a exposição de pessoas ao esgoto em que nadam para salvar seus pertences, não oferecem riscos à saúde? As mudanças do microclima regional, que associaram ilhas de calor a áreas de intensa poluição do ar, não representam um ponto consensual de agravo à saúde humana? (2010, p. 20)

Desse modo, pode-se dizer que o ambiente urbano é como um complexo ecossistema, mas que, por várias e óbvias razões, tem se tornado cada vez mais delicado.

Embora as dificuldades ambientais e suas consequências para a vida humana estejam presentes em todas as metrópoles, algumas delas, ao longo de anos, conseguiram superar graves problemas que prejudicavam enormemente a qualidade de vida de seus habitantes, como, por exemplo, com a despoluição de rios como o Tâmisa, em Londres – talvez o caso mais conhecido –, o Sena, em Paris, ou o Han, que passa por Seul. Quando ações como essas são tomadas, ocorrem profundas transformações na paisagem que modificam o horizonte e a temperatura, criam sons e cheiros e desenvolvem novos hábitos no comportamento das pessoas. Isso é facilmente percebido em locais onde existem áreas de lazer associadas a parques com amplas áreas verdes e pistas para corridas, caminhadas e ciclovias, ou simplesmente áreas com bancos para que se possa sentar e contemplar a paisagem. Nesses casos, os benefícios à saúde coletiva ficam evidenciados.

No Brasil, como sabemos, mais de 80% da população vive nas cidades. Discutir o meio urbano e as características que fazem desse ambiente um espaço amplamente diverso é muito importante para que os alunos compreendam cada vez mais e melhor a dinâmica que os cerca e da qual fazem parte.

As poluições

Nas cidades, as pressões ambientais são enormes. Entretanto, as consequências de se conviver com as formas de poluição parecem passar despercebidas para a maioria das pessoas, que aparentemente se acostumam com o barulho excessivo, com o ar poluí-do, com o rio morto, e assim por diante. Para muitos, parece que viver na cidade tem um custo inevitável, natural até – com toda a contradição que essa afirmação carrega –, que é o de habituar-se à poluição e a seus efeitos sobre a saúde.

Não há dúvida de que os problemas comuns nas cidades e que comprometem a saúde se tornaram objeto de ampla preocupação. A busca pela tão desejada sustentabilidade, porém, é permanentemente ameaçada, quando se observa a forte presença de diversos tipos e formas de poluentes que assolam o ambiente.

Nesse sentido, um dos maiores problemas urbanos é a poluição sonora que, diga-se de passagem, não se constitui mais em privilégio apenas dos grandes centros urbanos. Esse tipo de poluição, definida como todo ruído que pode causar danos à saúde humana ou animal, pode acarretar problemas como perda da audição, dor, interferência no sono, entre outros, tornando-se um sério problema de saúde pública. Diferentemente de outras formas de poluição também comuns nas cidades, a sonora não se acumula no ambiente, mas tem se tornado um dos principais problemas ambientais contemporâneos.

Em várias cidades brasileiras existem leis e normas que regulamentam os níveis de ruídos emitidos, que nem sempre são respeitados. São comuns as reclamações de moradores contra o barulho excessivo de bares e correlatos em horários considerados impróprios. Os especialistas concordam que o limite seguro de som contínuo para o ouvido é de 80 decibéis (dB). É importante registrar, contudo, que a distância afeta significativamente a intensidade do som para quem o ouve. Desse modo, 80 dB são considerados o limite quando se está próximo ao som emitido.

Tabela 7.1 – Limites de tolerância para ruído contínuo ou intermitente

Nível de ruído, em dB	Máxima exposição diária permissível
85	8 horas
86	7 horas
87	6 horas
88	5 horas
89	4 horas e 30 minutos
90	4 horas
91	3 horas e 30 minutos

Nível de ruído, em dB	Máxima exposição diária permissível
92	3 horas
93	2 horas e 40 minutos
94	2 horas e 15 minutos
95	2 horas
96	1 hora e 45 minutos
98	1 hora e 15 minutos
100	1 hora
102	45 minutos
104	35 minutos
105	30 minutos
106	25 minutos
108	20 minutos
110	15 minutos
112	10 minutos
114	8 minutos
115	7 minutos

Fonte: Dias (2001, p. 412).

Tabela 7.2 – Intensidade dos sons ambientais em dB

Sussurro	20
Sala de estar	50
Conversa normal	60

Ruas de movimento	70
Caminhão	80
Aspirador de pó	90
Discoteca, fones de ouvido	100
Buzinas de carro, conjunto de *rock*	110
Motocicleta, carro de corrida	120
Decolagem de avião, tiro de revólver	150

Fonte: Adaptada de Saldiva (2010, p. 159).

Assim como a sonora, a poluição visual é outro problema comum das cidades.

A fim de promover o consumo, são espalhados, ao longo de ruas e avenidas, inúmeros painéis publicitários, placas, faixas, luminosos etc. Essa situação é vista como comum pela maioria das pessoas, já que as cidades, por concentrar indústrias e possuir grande quantidade de comércio e serviços, tornam-se espaços "naturais" para a ampla comunicação visual. No entanto, o excesso de propaganda e de objetos que são expostos no ambiente, poluindo-o visualmente, pode gerar uma sensação de mal-estar, de cansaço visual. O desconforto visual é sentido também por consequência das pichações, tão comuns em grandes cidades e que degradam espaços públicos, monumentos, edifícios, entre outros. Além desses, há ainda intermináveis cabos elétricos suspensos, propagandas irregulares, pinturas que prejudicam a visão da arquitetura original.

Tais fatores acumulados dificultam a percepção dos espaços da cidade, pois, além de serem visualmente agressivos, prejudicam a estética da paisagem urbana ao esconder as feições dos prédios. Em uma cidade, é muito importante as pessoas terem um referencial arquitetônico de suas construções e poderem admirá-lo. Ao esconder a harmonia de certas edificações, geralmente encontradas em regiões mais antigas, como o centro e certos bairros considerados históricos, a poluição visual agride a sensibilidade humana e enfeia o espaço comum.

Assim, percebe-se que a poluição visual, embora receba menos atenção por parte das autoridades e das pessoas em geral, é um grave problema, já que causa danos à estrutura urbana e prejudica a qualidade de vida de sua população.

Dentre as formas de poluição comuns nas cidades, talvez a mais debatida e objeto de maior preocupação seja a atmosférica. Ambientes esfumaçados, com manchas escurecidas no horizonte, revelando a grande concentração de poluentes, de certa forma se tornaram comuns em várias metrópoles mundiais. Pequim, capital da China, por exemplo, está invariavelmente encoberta por uma camada cinza de poluição. O ar que se respira naquela cidade está constantemente aquém dos padrões de qualidade. Pequim é considerada uma das capitais com o ar mais poluído do mundo. Os principais responsáveis pela poluição do ar nessa e em outras cidades são as indústrias e os automóveis, que liberam fumaça com gases tóxicos e muito material particulado.

As áreas urbanas e metropolitanas são, particularmente, mais afetadas por esse tipo de poluição porque são as que sofreram mais intensamente as transformações realizadas pela sociedade. Por ser um ambiente com muitas construções verticalizadas, acaba alterando fluxos de ar, barrando a circulação atmosférica que, associada à concentração de poluentes, torna-se mais vulnerável ao surgimento do microclima urbano.

Esse fenômeno, que prejudica a circulação do ar, resulta na elevação da temperatura local. Geralmente, quanto mais emissão de poluentes, mais concreto e asfalto, que absorvem bastante radiação solar, e menos áreas verdes, que a dissipam, maior será a temperatura. Assim, surgem as chamadas ilhas de calor. Uma ilha de calor urbana é um fenômeno que consiste na ocorrência local de temperaturas relativamente maiores que as encontradas em outros lugares. Em uma cidade, onde há grande concentração urbana, com muitos edifícios, asfalto e poluentes, a temperatura é maior que em outra região da mesma cidade.

A poluição da água e do solo completa o conjunto dos tipos de poluição que mais afetam o meio urbano. Em grandes cidades do mundo, principalmente nos países considerados subdesenvolvidos e nos emergentes, os rios que cortam grandes metrópoles se encontram poluídos com esgoto doméstico e industrial sem nenhum tipo de tratamento.

O texto a seguir faz uma análise simbólica da situação das grandes cidades. Com criatividade, revela as mazelas das aglomerações urbanas, relacionando-as a certas enfermidades que acometem o corpo humano. Ótimo para uma discussão sobre a cidade com os alunos, pois sua leitura pode levá-los a uma compreensão mais apurada da complexidade da vida nas grandes metrópoles.

O organismo urbano está doente

A grande cidade é um organismo vivo, muito doente. Ela é a expressão de desequilíbrios econômicos, ecológicos e espaciais que fazem do país um ser disforme: um corpo atrofiado com macrocefalia (uma imensa cabeça).

As metrópoles (cidades que concentram poder econômico e político e organizam as relações espaciais) funcionam como se fossem colonialistas em relação ao próprio país. Elas drenam (atraem) recursos e populações, produzem espaços congestionados e geram, no rastro do êxodo, desertos demográficos – áreas decadentes desarticuladas. Aí se concentram os velhos e as mulheres (os homens migram antes), que ficam à mercê do desemprego sazonal (derivado da monocultura) e dos baixos salários praticados pela monoindústria (uma única opção de emprego regional).

Usando a imaginação, a grande metrópole pode ser comparada a um indivíduo doente que tem vários de seus órgãos atingidos por infecções, lesões ou distúrbios graves e que apresenta os seguintes sintomas:

1. *Conjuntivite: a cidade tem os olhos inflamados pela poluição do ar e agredidos por espigões que desfiguram a paisagem.*

2. *Fratura dos membros: as pernas foram quebradas em tombos nos buracos das ruas e os braços foram fraturados nas quedas do surfe ferroviário (modalidade semissuicida praticada por jovens dos subúrbios que viajam sobre o teto dos trens).*

3. *Otite: os bairros têm os tímpanos inflamados pelos excessivos decibéis (medida da intensidade do ruído) do trânsito e das fábricas.*

4. *Amnésia: a cidade perdeu a memória devido à especulação imobiliária, que desfigurou prédios e sítios de relevante significado histórico e arquitetônico.*

5. *Câncer: as células enfermas (bairros degradados e favelas) se replicam velozmente, qual tumores urbanos.*

6. *Estresse: a cidade está à beira de um ataque de nervos, assaltada em cada esquina, tensionada pelo trânsito e pela competição.*

7. *Fome: uma parte da cidade padece da miséria e da desnutrição – gente literalmente sem ter o que comer.*

8. *Obesidade: o outro lado da "cidade partida" adoece por excesso de gordura, envenenando-se com conservantes, corantes, acidulantes e aumentando o colesterol com a alimentação desregrada.*

9. *Diarreia: a "cidade da pobreza" esvai-se em disenterias provocadas por coliformes fecais na água da rede (das torneiras) e pela falta de saneamento, higiene e prevenção.*

10. *Esquizofrenia: partida ao meio em guetos e favelas, a cidade sofre de crise de identidade e perda de valores.*

11. *Depressão geriátrica (da terceira idade): a cidade sofre com os velhinhos confinados em terríveis asilos, que enriquecem os donos da indústria da solidão.*

12. *Aids: a defesa imunológica fraqueja com transfusões de sangue sem testagem, com o sexo não seguro e com o rodízio de seringas das drogas intravenosas.*

13. *Enfarte do miocárdio: o sistema circulatório entrou em colapso, atacado pelo vírus do automóvel, que polui e engarrafa. Esses seres metálicos demandam obras caras, túneis e viadutos que projetam os engarrafamentos quilômetros adiante. São pontes de safena para a circulação dos poluidores sobre rodas, que na hora do rush trafegam mais lentos do que o cavalo e a bicicleta.*

14. *Falocracia aguda (violência machista): as ruas da cidade grande são palco de estupros cotidianos, alimentados pelo erotismo barato das revistas pornô e da tevê e acobertados pela impunidade. O homossexualismo é tolerado apenas em guetos urbanos ou durante o carnaval, e a violência contra homossexuais não é investigada.*

15. *Apartheid social: os excluídos da sociedade de consumo veem na tevê e nas vitrines produtos sedutores a que jamais terão acesso. São os suspeitos, independentemente de culpa, das operações policiais de rotina.*

16. *Síndrome da alienação adquirida: essa hipnótica enfermidade telemaníaca transforma as pessoas em terminais receptores de mensagens e códigos dirigidos do poder.*

Esse sombrio diagnóstico revela as múltiplas armadilhas da cidade dos letreiros de néon que promete infinitas oportunidades [...]. (MINC, 2000, p. 42-44)

Assim, vemos que há uma urgente necessidade de construção de uma nova cidade, na qual a cultura da violência seja substituí-da pela cultura da paz; o conflito dê lugar ao permanente diálogo; as injustiças sejam sanadas, enfim, que a vida em harmonia com o meio não seja mais uma utopia. O equilíbrio ambiental será alcançado com a produção de uma economia integradora que permita a todos o acesso a tudo o que de melhor pode ser elaborado em uma sociedade democrática, como educação com qualidade social, pleno acesso à saúde, à cultura, ao lazer, à segurança alimentar etc.

O desafio, portanto, é grande!

7.1 COM OS ALUNOS

Como sabemos, as cidades possuem uma realidade complexa, na qual diversos problemas socioeconômicos, ambientais e de saúde, que afetam a muitas pessoas, entre outros, são comuns. Segundo os PCN, "Nas diferentes formas de organização dos espaços, há problemas que saltam aos olhos pela gravidade e, portanto, os alunos devem conhecê-los para que possam se posicionar criticamente e participar de forma atuante e responsável no encaminhamento das soluções" (BRASIL, 1998, p. 214).

Há também o outro lado. O lado da cidade limpa e organizada, do cidadão consciente de seus direitos e deveres, das ciclovias, dos parques e jardins, do transporte público integrado e pontual. Embora essa cidade não seja predominante, ela também existe. E as pessoas que a desejam e buscam torná-la real também estão lá. Por que então, aqui no Brasil, parece predominar a cidade que está doente? Aquela que apresenta variados sintomas como os que foram relatados no texto de Minc?

Dentre os problemas que mais afetam e prejudicam a vida nas cidades estão, como já mencionamos, as alterações climáticas que geralmente provocam aumento da temperatura. A utilização de aparelhos geradores de calor, a queima de combustíveis pelos automóveis, as usinas e as indústrias contribuem muito para o aumento do aquecimento urbano. Estudos apontam que a emissão dos gases chamados "estufa" aprisionam a radiação solar e a infravermelha.

Na maioria das grandes cidades, o excesso de construções, calçamento e asfalto colabora para o aumento da temperatura em virtude da redução da evaporação, uma vez que rios e lagos são pouco encontrados, e da evapotranspiração pela pouca quan-

Evapotranspiração: Corresponde à perda/ transferência de água de um ecossistema para a atmosfera, causada pela evaporação a partir do solo e pela transpiração das plantas.

tidade de parques, bosques, jardins etc. As atividades humanas, desse modo, alteram as condições de conforto ambiental das cidades. Em cidades brasileiras como São Paulo, Porto Alegre ou Belo Horizonte, por exemplo, diferentes temperaturas podem ser encontradas: áreas de frescor próximas a parques e ilhas de calor intensas nas imediações de grandes avenidas, onde há construções, pouca arborização e prédios muito elevados.

Em decorrência da poluição excessiva, o clima no mundo vem sofrendo mudanças que afetam principalmente as cidades. As consequências são bem conhecidas e se tornaram objeto de grande discussão, especialmente no final do século passado. Entre elas, destacam-se:

- Efeito estufa: fenômeno natural que tem seus efeitos agravados pela poluição, que aprisiona o calor do sol na atmosfera, impedindo-o de sair para o espaço. Ocorre essencialmente nos grandes centros urbanos, formando "ilhas de calor". O efeito estufa estaria contribuindo para o aumento da temperatura mundial que, no último século, teria subido até 0,6 grau Celsius (INTERGOVERNMENTAL PANEL ON CLIMATE CHANGE, 2015). Convém mencionar que não há consenso entre os cientistas sobre a existência do efeito estufa. Muitos falam que esse fenômeno não existe e que a Terra, na verdade, estaria prestes passar por um fenômeno inverso: o de resfriamento.

- Inversão térmica: esse fenômeno aumenta os efeitos da poluição. A concentração excessiva de poluentes, comum nos centros urbanos, fica estagnada em uma camada de ar frio, que se encontra abaixo de uma camada de ar quente que, por ser mais leve, impede o ar frio de subir ao espaço. Isso aumenta os riscos de doenças respiratórias na população. A inversão térmica ocorre no inverno.

- Chuva ácida: causada pelo excesso de poluição atmosférica que reage quimicamente e cai como partículas microscópicas de ácido seco ou chuva após se misturarem com a umidade das nuvens. A chuva ácida pode provocar a morte dê peixes e árvores e corroer monumentos e construções.

Não é apenas a atmosfera que sofre com a poluição.

Os efeitos da poluição sonora à saúde também são marcantes e cada vez mais presentes. Ela é, por exemplo, a principal causa de zumbido entre os usuários de aparelhos de som pessoais com fones de ouvido. Estudos médicos (FIGUEIREDO et al., 2011) apontam que a incidência de zumbido é mais prevalente em adolescentes e adultos jovens que usam esses aparelhos sonoros de forma regular.

Seria bem interessante realizar uma discussão com os alunos a respeito das possíveis consequências para a saúde do uso constante de fones de ouvido para ouvir música, pois se observa quase uma onipresença desses aparelhos na escola. É sempre importante lembrar que, para haver êxito em conversas desse tipo, é fundamental que tenhamos uma postura dialógica, como proposto por Paulo Freire, na qual todos falam e todos são ouvidos e a relação seja, portanto, horizontal.

Sequência didática

Atividade

A poluição e o ambiente na cidade.

Objetivos

Coletar, analisar e interpretar dados relativos à poluição e a sua percepção no ambiente urbano. Reconhecer o problema e propor soluções.

Desenvolvimento

Módulo 1

Exponha aos alunos os tipos de poluição que existem e promova uma discussão, fazendo-os perceber a origem e as consequências de cada uma delas para a cidade e, claro, para a saúde humana.

Caso a escola se localize perto de uma avenida com muito tráfego, proponha um exercício prático: todos devem fazer silêncio e fechar os olhos por alguns instantes para ouvir o som ambiente que vem de fora e da própria escola. É um bom exercício para que se perceba o quanto a poluição sonora nos afeta, sem que muitas vezes a percebamos.

Modulo 2

Divida a turma em grupos. Cada um vai ter uma tarefa de campo a realizar. Para a realização da primeira atividade, os alunos devem ter termômetros à disposição.

Grupos 1 e 2: em um final de semana ou fora do horário de aulas, peça aos alunos que meçam a temperatura em diferentes horas no período da manhã e no período da tarde. A primeira medição deve ocorrer em local próximo ou no interior de um parque ou praça arborizada, ou ainda em algum local da cidade em que haja predomínio de cobertura vegetal. A segunda medição, feita por outro grupo de alunos, deve ocorrer em local com predomínio de asfalto, trânsito e prédios, longe, portanto, de áreas arborizadas. Essas medições devem ser feitas preferencialmente no mesmo dia e horários. Solicite que anotem os dados obtidos.

Grupo 3: os alunos devem fazer um levantamento dos sons mais comuns de algum local que frequentem – casa, rua, praça, clube – anotando-os. Em seguida, devem pesquisar quantos decibéis emitem e qual é o tempo máximo permitido de exposição a cada tipo de ruído constatado. Uma das tabelas deste capítulo apresenta alguns tipos e níveis de ruído, repasse os dados aos alunos.

Grupo 4: seus membros devem realizar entrevistas com as pessoas do bairro onde moram, ouvindo-as sobre o ambiente urbano. É importante haver um roteiro prévio com perguntas para as entrevistas que precisam abordar a poluição sonora, a poluição visual e a poluição atmosférica, que são as que mais chamam a atenção nas cidades. Se houver casos de poluição da água ou do solo, como no caso de um córrego que receba água de esgoto, seria interessante realizar entrevistas com quem conviveu ou convive com essa situação.

Grupo 5: os alunos devem fazer um levantamento, na vizinhança, na escola ou em um parque, das pessoas que têm problemas de saúde causados pela poluição, como problemas respiratórios, alergias etc. Também precisam ter um roteiro prévio de perguntas a serem apresentadas.

Se a turma for muito grande pode, a seu critério, elaborar mais atividades ou pedir que dois grupos realizem as mesmas tarefas em locais e com pessoas diferentes.

Módulo 3

Com os dados em mãos, anote-os no quadro para que todos possam visualizar e discutir os resultados. Qual foi a conclusão? Quanto às entrevistas, os dados devem ser compilados para facilitar a leitura e a conclusão. Converse com os alunos de modo a explorar ao máximo o resultado dos trabalhos.

Avaliação

Agora os alunos devem pesquisar (em grupos ou individualmente) o que está sendo feito na cidade para melhorar a percepção ambiental. Praças e parques estão sendo construídos e mantidos? Ciclovias estão sendo feitas e respeitadas? Peça aos alunos que descrevam também como é a região em que moram, se há mais árvores, mais asfalto, se é uma região central etc. Avalie os resultados.

REFERÊNCIAS BIBLIOGRÁFICAS

BRASIL. Ministério da Educação. Secretaria de Educação Básica. **Orientações curriculares para o Ensino Médio:** ciências humanas e suas tecnologias. Brasília, 2008.

_____. Ministério da Educação. Secretaria de Educação Média e Tecnológica. **Parâmetros Curriculares Nacionais:** Ensino Médio. Brasília, 1999.

_____. Ministério da Educação. Secretaria de Educação Fundamental. **Parâmetros Curriculares Nacionais:** apresentação dos temas transversais. Brasília, 1998.

DIAS, Genebaldo F. **Educação ambiental:** princípios e práticas. 7. ed. São Paulo: Gaia, 2001.

FIGUEIREDO, Ricardo R. et al. Incidência de zumbido em usuários de estéreos pessoais. **Revista Brasileira de Otorrinolaringologia**, São Paulo, v. 77, n. 3, maio-jun., 2011. Disponível em: <www.scielo.br/scielo.php?pid=S1808-86942011000300004&script=sci_arttext&tlng=pt>. Acesso em: 1º jun. 2015.

INTERGOVERNMENTAL PANEL ON CLIMATE CHANGE (IPCC). Geneva, 2015. Disponível em: <www.ipcc.ch/>. Acesso em: 1º jun. 2015.

MINC, Carlos. **Ecologia e cidadania**. São Paulo: Moderna, 2000.

SALDIVA, Paulo et al. **Meio ambiente e saúde:** o desafio das metrópoles. São Paulo: Ex-Libris Comunicação Integrada, 2010.

TRIGUEIRO, André (Coord.). **Meio ambiente no século 21:** 21 especialistas falam da questão ambiental nas suas áreas de conhecimento. 4. ed. Campinas: Armazém do Ipê, 2005.

Sugestões de leitura

BRANCO, Samuel M. **Ecologia da cidade**. São Paulo: Moderna, 2002.

_____. MURGEL, Eduardo. **Poluição do ar**. São Paulo: Moderna, 2002.

BRASIL. Ministério da Educação. Secretaria de Educação Básica. **Orientações curriculares para o Ensino Médio:** ciências humanas e suas tecnologias. Brasília, 2008.

_____. Ministério da Educação. Secretaria de Educação Média e Tecnológica. **Parâmetros Curriculares Nacionais:** Ensino Médio. Brasília, 1999.

_____. Ministério da Educação. Secretaria de Educação Fundamental. **Parâmetros Curriculares Nacionais:** apresentação dos temas transversais. Brasília, 1998.

DIAS, Genebaldo F. As atividades de educação ambiental urbana. In: _____. **Educação ambiental:** princípios e práticas. 7. ed. São Paulo: Gaia, 2001.

HELENE, M. et al. **Poluentes atmosféricos**. São Paulo: Scipione, 1994.

MINC, Carlos. **Ecologia e cidadania**. São Paulo: Moderna, 2000.

SALDIVA, Paulo et al. **Meio ambiente e saúde:** o desafio das metrópoles. São Paulo: Ex-Libris Comunicação Integrada, 2010.